Архітектурний путівник
Київ

Architectural Guide
Kyiv

Архітектурний путівник
Київ

Architectural Guide
Kyiv

Семен Широчин
Semen Shyrochyn

Зміст
Contents

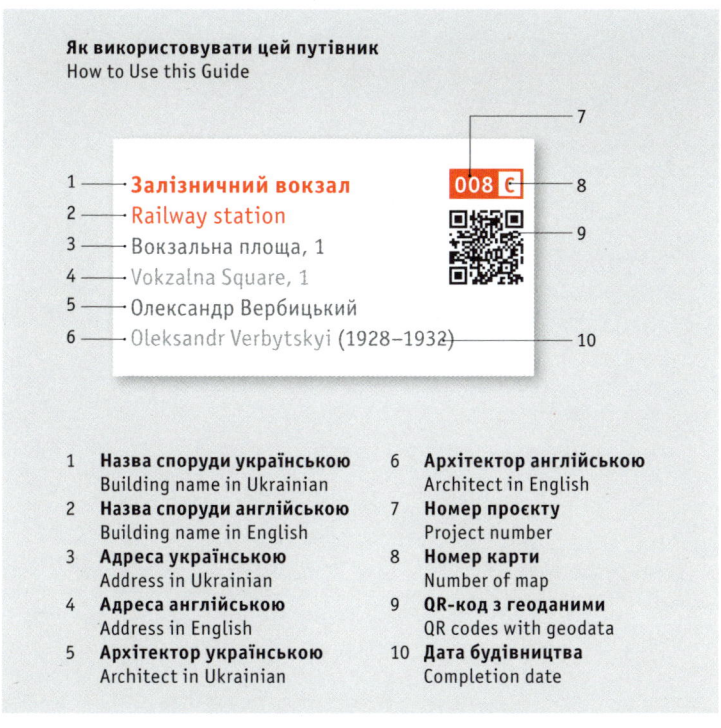

Як використовувати цей путівник
How to Use this Guide

1 — **Залізничний вокзал**
2 — Railway station
3 — Вокзальна площа, 1
4 — Vokzalna Square, 1
5 — Олександр Вербицький
6 — Oleksandr Verbytskyi (1928–1932)

7
008 € — 8
9
10

1 **Назва споруди українською**
Building name in Ukrainian
2 **Назва споруди англійською**
Building name in English
3 **Адреса українською**
Address in Ukrainian
4 **Адреса англійською**
Address in English
5 **Архітектор українською**
Architect in Ukrainian

6 **Архітектор англійською**
Architect in English
7 **Номер проєкту**
Project number
8 **Номер карти**
Number of map
9 **QR-код з геоданими**
QR codes with geodata
10 **Дата будівництва**
Completion date

Аерознімок з виглядом Дніпра, що, звиваючись, протікає вздовж Києва
у декількох рукавах. Старий Київ розташований у правій частині світлини.
Aerial view of the River Dnipro, which has several branches meandering through Kyiv.
Old Kyiv is located on the right side of the picture (2006).

Історична частина міста щільно забудована. Тут можна знайти будівлі багатьох архітектурних стилів з різних історичних епох.
The historical part of the city is densely built up. Here you can find buildings in different architectural styles from various historical periods.

Лівий берег Дніпра, Лівобережжя, було активно забудовано лише після Другої світової війни. Тут живе третина мешканців Києва.
Livoberezhzhia, the left bank of the Dnipro, was developed as a residential distric- tonly after the Second World War. One third of all Kiev residents live here.

Києво-Печерська лавра — одна з найважливіших пам'яток Києва. З 1990 року цей 900-річний комплекс став частиною світової спадщини ЮНЕСКО.

The Monastery of the Caves is one of Kyiv's most important sights. This 900-year-old complex has been a UNESCO World Heritage Site since 1990.

Передмова
Preface

Я все життя живу в Києві. І мене завжди оточує архітектурний контекст XX століття. У різні часи це були масивні постконструктивістські будинки середини 1930-х, щедро прикрашені декораціями неокласичні будинки 1950-х, панельна забудова мікрорайонів 1960–1980-х. На моїх очах поставала забудова 1990-х і 2000-х.

Але почалося все з дитячого садка № 1. Щодня я заходив у цю масивну симетричну споруду через портик із чотирма пілонами. Про мій дитсадок казали, що це не просто дитсадок, а палац. Казали і про якогось відомого архітектора, який його спорудив. Це згодом я дізнаюсь прізвище архітектора Каракіса. А тоді я відчував підсвідоме враження від споруди, яка, напевне, і виховала мій архітектурний інтерес.

Далі була школа, що має свій музей, береже пам'ять видатних випускників та цікаві історичні артефакти. Але в моїй школі не знали, який архітектор її спорудив. Знали тільки, що це якийсь типовий проєкт. І ні в кого не виникало бажання знайти прізвище цього архітектора. Наче типовий проєкт не має автора. Контекст забудови XX століття був переважно безіменним. Він сприймався, як статична величина, як непорушний

I have lived in Kyiv since I was born. And I have always been surrounded by the architecture of the twentieth century: massive post-Constructivist houses from the mid-1930s, lavishly decorated Neoclassical houses from the 1950s, and panel housing in micro-districts from the 1960s–1980s. The new buildings of the 1990s and 2000s were erected before my eyes.

But it all started with Kyiv's Kindergarten no. 1. Every day I entered this massive symmetrical structure through a portico with four columns. They said it was not just a kindergarten but a palace, and it was also rumoured that it had been built by a famous architect. Many years passed before I learnt this architect's name: Karakis. But in childhood the building must have made a strong impression upon me at some subconscious level: it was probably this that stirred my interest in architecture.

Then there was my school, which had its own museum commemorating outstanding alumni and preserving interesting historical artifacts. Nobody knew who had designed my school. They only knew that this was a standard school design. And no one made any effort to find out the architect's name. As if standard design projects have no author.

Монумент "Батьківщина-мати",
автори Євгеній Вучетич (1908–1974), Василь Бородай (1917–2010)
Motherland Monument; artists: Yevhenii Vuchetych (1908–1974), Vasyl Borodai (1917–2010)

9-поверховий будинок серії 1-464   I-464 series with nine storeys

фон, який був завжди і виник сам по собі. Але в мене почали виникати питання про появу цього контексту. Який архітектор побудував мій будинок, мою школу? У якому році звели ту чи іншу споруду? І для кого вона будувалась? Про це не знали мої знайомі або родичі. Про це не знали мої вчителі. Я почав вишукувати та читати історичну літературу, де, звісно, знайшов багато цікавого про історію міста та формування його історичних місцевостей. Але про архітектуру середини ХХ століття там майже нічого не було. Величезний пласт історії архітектури Києва не був досліджений, не був описаний. Він був загадкою, білою плямою.

Згодом я почав спілкуватися з києвознавцями, відвідувати нішеві екскурсії: не оглядові для туристів, а контекстні й деталізовані для місцевих мешканців. Так я побачив, що в киян є інтерес до історії свого міста. І є цікаві дослідники, які проводять лекції та екскурсії, а також пишуть книжки про історію та архітектуру міста. Але їхній історичний інтерес зазвичай обмежувався початком ХХ століття. Доба класичного капіталізму, що залишила по собі цінний і багатий спадок, була добре досліджена цілою низкою істориків, про неї були написані книги.

Buildings from the twentieth century were mostly nameless. This architectural context was perceived as being of static value: an indestructible, automatic background that had always been there. I began raising questions about how this context had emerged. Who had designed my house and my school? When was this or that building built? And for whom was it built? This was information that my friends and relatives did not know. Nor did my teachers. I started seeking out and reading historical literature – where, of course, I found a lot of interesting things about the history of the city and the formation of its historical districts. But there was almost nothing about the architecture of the middle of the twentieth century. An enormous stratum of Kyiv's architectural history had not been explored or described. It was a puzzle, a lacuna.

Later, I began talking to experts on the history of Kyiv and taking niche tours – not sightseeing tours for tourists but detailed ones for local residents. I saw that Kyivans are interested in the history of their city. And I met interesting researchers who gave lectures and tours and wrote books on the city's history and architecture. Their historical interest, I discovered, was usually limited to the beginning of the twentieth century and ended with

16-поверхові будинки серії БПС-6   BPS-6 series with 16 storeys

Створювалося враження, що цікава для києвознавців історія закінчується з Першою світовою війною. На початку XXI століття активний інтерес був до початку XX століття: люди захоплювались архітектурою, культурою, естетикою того часу. Водночас радянська доба, яку попередні покоління добре знали, не сприймалася ними як частина історії. Література та фотоальбоми про радянську добу Києва мали переважно ностальгійний, а не дослідницький характер. Мабуть, така людська природа: дійсність, що оточує, не сприймається як історія і не викликає інтересу. І через це навіть на початку XXI століття новітня історія київської архітектури залишається для більшості киян незнайомою.

Мої дослідження мали на меті знайти ті відповіді на запитання, які мені не міг дати ніхто. Виявилося, що знайти ці відповіді можна. Збереглися архітектурні журнали за 1930–1980-ті роки, збереглися архівні документи, безліч списків та звітів. Збереглася чудова архітектурна графіка та фотографії. Збереглися й родинні архіви деяких архітекторів. Усе це дає можливість знаходити необхідні факти, а з них поступово складати власне бачення недослідженої історії архітектури міста.

the First World War. At the beginning of the twenty-first century there was a keen interest in the beginning of the twentieth century: people admired the architecture, culture, and aesthetics of that era. Yet the Soviet era, which previous generations had known well, was not perceived by them as part of history. Books and photo albums about the Soviet era of Kyiv were mostly nostalgic; what I was looking for, however, was literature that was the result of serious research. Apparently, this is human nature: the reality that surrounds us in our lives is not perceived as history and does not arouse our interest. This is why even at the beginning of the twenty-first century the history of Kyiv's modern architecture remains unfamiliar to most of its inhabitants.

In my research I was trying to find answers to questions that no one could answer. But those answers were there to be found in architectural magazines from the 1930s to 1980s, archival documents, and construction lists and reports. There are excellent architectural graphics and photographs still intact. The family archives of some architects have also been preserved. All this enabled me to find the facts I needed in order to gradually compose my own vision of the unexplored history of the city's architecture.

Сільськогосподарська академія в Голосієві, архітектор Дмитро Дяченко (1930)
Agricultural Academy in Holosiiv; architect: Dmytro Dyachenko (1930)

Історичні періоди
Historical periods

Останнє століття київської архітектури варто розділити на кілька періодів. Першим є період, що розпочався у 1920-х і завершився із перенесенням до Києва радянського уряду. Він характеризується низьким пріоритетом фінансування та відповідними обсягами будівництва. На початку 1920-х у Києві майже нічого не будується, окрім окремих дерев'яних гуртожитків. Починаючи з 1924 року споруджуються перші багатоквартирні будинки. Майже всі вони — або відбудовані після пожеж, або завершені недобудови, перервані Першою світовою війною. Перший з нових будинків, споруджених у Києві, датується 1924 роком, але він не зберігся. Найстарші зі збережених датуються 1926 роком.

Завершення недобудов також варті уваги — кілька проєктів були адаптовані до нових умов або частково перероблені у 1920-х. Це створило цікавий прошарок доконструктивістської класицистичної архітектури, що була інерцією тенденцій Російської імперії. До неї належать не лише добудовані споруди, але й деякі нові, у яких простежується тенденція до спрощеного відтворення попередніх стилістичних тенденцій.

Іншою тенденцією 1920-х у Києві є відродження українського бароко, переважно в проєктах архітектора Дмитра Дяченка. Особливо цікавими є корпуси Сільськогосподарської академії в Голосієві, що створювались у вигляді величного барокового ансамблю. Почерк Дяченка також помітний у деяких інших будинках, зокрема — у його конкурсному проєкті залізничного вокзалу.

The last century of Kyiv's architecture should be divided into several periods. The first began in the 1920s and ended when the seat of the Ukrainian Soviet Socialist Republic was transferred to Kyiv in 1934. This was a time when provincial Kyiv was of low priority for funding by the USSR. Almost nothing, except for a few wooden dormitories, was built in the early 1920s. The first apartment buildings were erected in the middle of that decade. Almost all were either reconstructions of buildings damaged by fire or buildings whose construction had been commenced before and interrupted by the First World War. The first of these buildings dates to 1924 but has not survived. The oldest surviving buildings from this period date to 1926.

Completion of unfinished buildings is also worth noting: several projects were adapted to the new conditions or partially redesigned in the 1920s. This created an interesting layer of pre-Constructivist Neoclassical architecture that by inertia largely continued tendencies seen in the Russian Empire. It includes not only projects whose construction started before the Revolution but also some new ones, which show a tendency for simplified reproduction of previous stylistic trends.

Another trend of the 1920s in Kyiv was the revival of Ukrainian Baroque, mainly in the work of Dmytro Dyachenko. The buildings of the Agricultural Academy in Holosiiv, a majestic Baroque ensemble, are especially interesting. Dyachenko's style is also visible in some other buildings – in particular, in his competition design for the railway station.

The third trend from this period was the functionalist architecture of Constructivism, a Soviet school of design

Житловий будинок Київського військового округу (КВО), архітектор Й. Каракіс (1937)
KVO residential building; architect: I. Y. Karakis (1937)

Третьою тенденцією цього періоду є функціональна архітектура конструктивізму, радянської школи дизайну, схожої за духом на німецький Баухаз. Потрапивши в Київ у 1926 році через промислову архітектуру, конструктивізм активно поширювався на громадську та житлову архітектуру. Створюються видатні споруди кінотеатру «Жовтень» та палацу культури «Харчовик», багатосекційні конструктивістські кооперативні будинки. На початку 1930-х конструктивізм стає єдиним дозволеним стилем — історичні стилі інтерпретуються як симпатія до архаїчних політичних режимів, а українські стилі — як націоналізм.

Наступний важливий період — 1934–1941 роки — час виникнення сталінської архітектури. Для Києва цей період має подвійне значення. По-перше, сюди переносяться органи влади УРСР, і місто отримує столичний статус, який надає йому значно вищого пріоритету в бюджетному фінансуванні та масштабі забудови. Водночас із цим відбувається ключовий поворот в архітектурній політиці — замість сучасної функціональної архітектури вітається переосмислення класичної архітектурної спадщини. Виникають споруди сталінської архітектури, що належать до постконструктивізму, ар-деко та неокласицизму. Саме в цей час споруджені сучасні будинки МЗС, Верховної Ради, Кабінету міністрів, Офісу Президента, виконана надзвичайно вдала надбудова Національного банку. За цей період місто отримує близько 400 нових житлових і громадських споруд, які визначають обличчя цілих вулиць.

Наступним цілісним періодом стає повоєнна відбудова міста, що розпочалась із відбудови пошкоджених будинків у 1945 році і закінчилась через боротьбу з надмірностями. Попри те, що сама постанова про боротьбу з надмірностями в архітектурі була ухвалена в листопаді 1955 року, ще декілька років була інерція: добудовувались споруди, які були запроєктовані або почали будуватись до 1955 року. Отже, у київських реаліях кінцем цього періоду можна обрати 1958 рік, коли було здано ВДНГ.

similar to Bauhaus. After first appearing in Kyiv in 1926 in industrial architecture, Constructivism soon spread to public and residential architecture. Outstanding buildings from this period include Zhovten Cinema, Kharchovyk Palace of Culture, and multi-section Constructivist cooperative houses. In the early 1930s Constructivism became the only permitted style. Historicist styles were now regarded as showing sympathy for archaic political regimes, and Ukrainian national styles were treated as nationalistic.

The next important period, 1934–1941, was the era of Stalinist architecture. For Kyiv this period has a double significance. First, this was when the government of Soviet Ukraine moved to Kyiv and the city became the republic's capital, giving it a much higher priority in public financing. At the same time, a key turning point took place in architectural policy: reinterpretation of Neoclassical architectural heritage was now welcomed instead of modern functionalist architecture. The Stalinist buildings erected at this time belonged to the Post-constructivist, Art Deco, and Neoclassical styles. They included the modern buildings of the Ministry of Foreign Affairs, the Verkhovna Rada, the Cabinet of Ministers, the Office of the President and the superstructure of the National Bank. This period saw the construction of approximately 400 new residential and public buildings. Some of these define the face of entire streets.

The next coherent period was the city's post-war reconstruction, which began with the reconstruction of damaged buildings in 1945 and ended when Nikita Khrushchev launched a campaign 'against superfluity in architecture'. Despite the fact that the resolution on 'elimination of superfluity in planning and construction' was adopted in November 1955, inertia ensured that things continued much as before for several years: buildings that had been designed or whose construction had started before 1955 were completed. This means that for Kyiv the end of this period was 1958, when work finished on the VDNG exhibition centre.

Known as 'Stalinist Empire style', the architecture of this period is a stabilised combination of architectural elements

Житловий будинок станкобудівного заводу, архітектор Ісаак Неймарк (1938)
House of the machine tool factory; architect: Isaac Neimark (1938)

Nikita Kadan / Микита Кадан

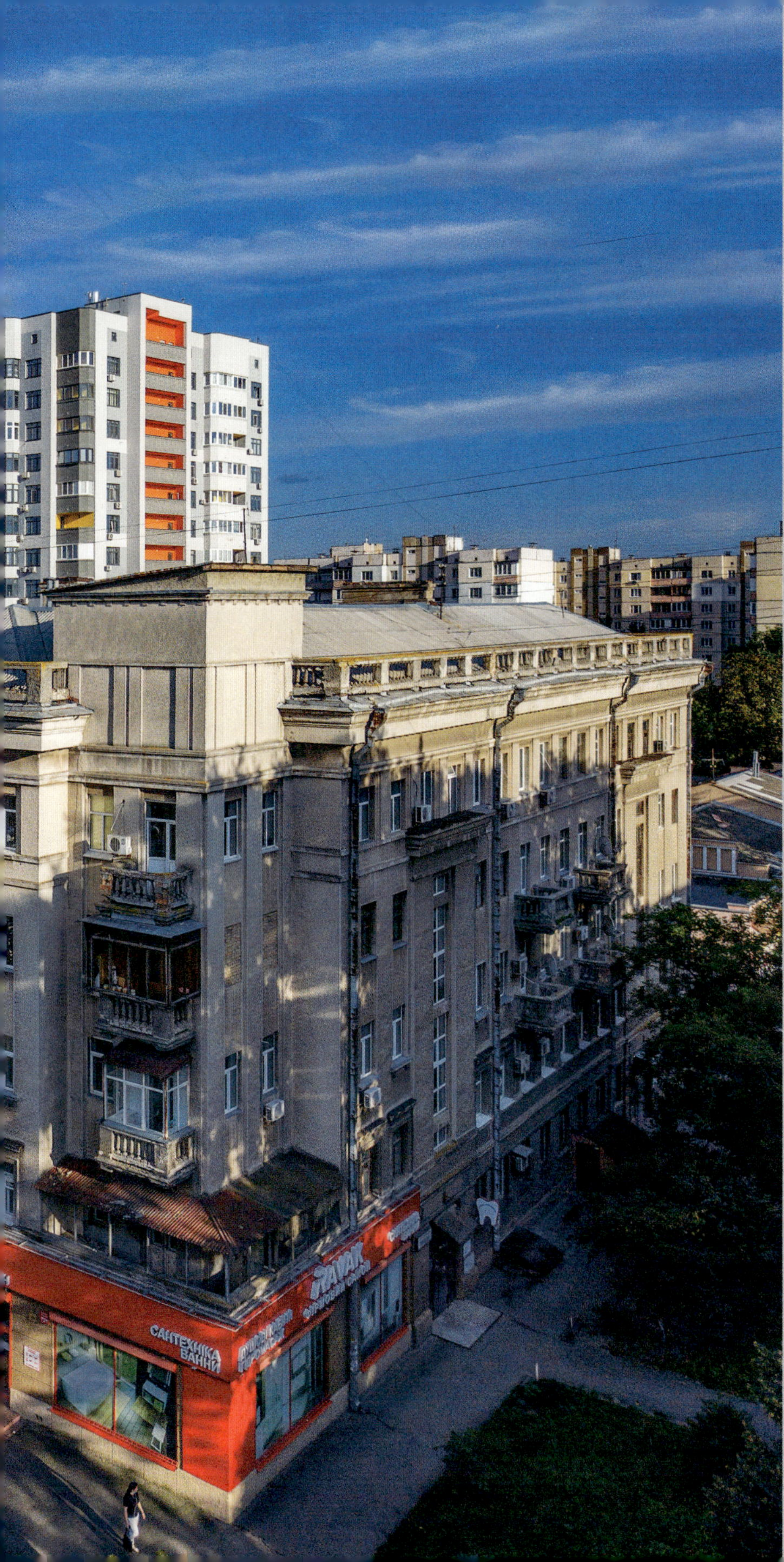
RAVAK
САНТЕХНІКА
ВАННИ

Київський автовокзал, архітектори Авраам Мілецький, Іраїда Мельник, Едуард Більський (1960)
Kyiv Bus Station; architects: Avraam Miletskyi, Iraida Melnyk, Eduard Bilskyi (1960)

Архітектура цього періоду відома як «сталінський ампір» і є стабілізованим поєднанням архітектурних елементів історичних стилів, насамперед — класицизму, бароко та ампіру — з національними елементами. Містобудування в цьому періоді стає ансамблевим. Забудова нових районів ведеться у вигляді ансамблів симетричних кварталів. На периферії активно застосовуються малоповерхові типові проєкти, які київські легенди приписують військовополоненим німцям.

У центральній частині міста в цей час створюється ансамбль Хрещатика, наріжні будинки прикрашають вежечками. Заводи будують собі монументальні палаци культури, що за своєю архітектурною композицією тяжіють до театрів.

Через боротьбу з надмірностями в другій половині 1950-х трапляються зразки «обдирної» архітектури: на будинках більше немає декорацій, хоча триває застосування проєктів, розроблених до 1955 року. Проте вже наприкінці 1950-х їм на заміну приходять нові проєкти — «хрущовки». Починається доба повоєнного радянського модернізму, яку в київських умовах можна датувати як 1959–1991 роки. У 1959 році було розроблено проєкт київського автовокзалу — першої

taken from historical styles – primarily Classicism, Baroque, and Empire, with the addition of national elements. New districts were developed in the form of ensembles consisting of symmetrical street blocks. On the periphery, extensive use was made of low-rise standard projects, whose design and construction urban legend attributes to German prisoners of war. Many important buildings were erected in the central part of the city, including the famous ensemble on Khreschatyk. Some of these buildings, placed on the corners of streets, are decorated with turrets. Monumental palaces of culture were built for large factories; architecturally, these resemble theatres.

The campaign against superfluity in architecture tended to give buildings created in the second half of the 1950s a 'scrappy' exterior: even when built to designs developed before 1955, such buildings no longer had architectural decoration. At the end of the 1950s, new design projects were introduced – the so-called *khrushchevkas* (Khrushchev buildings). The era of post-war Soviet Modernism had begun. In Kyiv this period can be dated 1959–1991. The first Modernist project was Kyiv Bus Station, built in 1959.

Use was made of the newest materials and technical capabilities. New, previously

**Житлові будинки на проспекті Перемоги, ар-
хітектор В. Е. Ладний зі співавторами (1961)**

Residential buildings on Peremohy Avenue;
architects: V. E. Ladnyi et al. (1961)

Yevheniia Tyshchuk

Серія Т, Київ
T series, Kyiv

з часів конструктивізму громадської споруди, що наслідує сучасну, а не історичну архітектуру.

У цей час використовували новітні матеріали й технічні можливості, завдяки чому виникали нові, раніше неможливі форми будівель. У Києві було зведено цілу низку споруд, що мають увігнутий дах та величезний внутрішній простір. Це Будинок меблів та кілька ринків: Залізничний, Печерський, Житній і Володимирський. Доба модернізму — це виразні силуети готелів «Салют», «Либідь», «Турист», «Братислава». Також цей період подарував архітектурі велику спадщину монументального мистецтва — мозаїки, вітражі, барельєфи. Доба модернізму залишила Києву багато тисяч споруд — більше, ніж будь-яка інша. Здебільшого це серійні будинки житлових масивів, які споруджувались саме в цей період. Структура забудови нових районів з квартальної стала мікрорайонною, попередні ідеї симетричних ієрархічних композицій втратили свою роль. Масова забудова цієї доби чи не найменше подобається киянам через свою одноманітність і аскетичність. Добу модернізму найменше сприймають як історію, а його спадщину найменше цінують як надбання.

Останнім історичним періодом століття, що розглядається в книзі, є архітектура Києва доби незалежної України: 1992–2023. 1990-ті, початок цієї доби, є логічним продовженням тенденцій попередніх років, але на це суттєво

impossible forms of building emerged, including with concave roofs and vast interior spaces. Such are the House of Furniture and a series of local markets (Zaliznychny, Pechersky, Zhytniy, and Volodymyrsky). The Modernist era gave the city hotels with remarkable silhouettes, such as Salyut, Lybid, Tourist, and Bratislava. This was also a period when a significant legacy of monumental art was created, including mosaics, stained-glass windows, and bas-reliefs.

The Modernist era left Kyiv with many thousands of buildings – more than any previous period. For the most part, these are mass-built houses in residential areas. Structurally, the new districts were based not on the street block but on the 'micro-district'; the previous emphasis on symmetrical, hierarchical composition was abandoned. Mass development from this era is least liked by Kyivans because of its monotony and asceticism. The Modernist age is the period least perceived as history, and its legacy is least valued as an asset.

The final period in the century considered in this book is the architecture of Kyiv during the period of independent Ukraine: 1992–2023. The 1990s, the beginning of this era, were a logical continuation of the trends of previous years but one which was significantly influenced by the economic situation. At first, construction was still carried out en masse; housing took the form of micro-districts, using mass-produced design projects

Ryan Koopmans

Серія КТ, Київ
KT series, Kyiv

Alex Bykov

Житловий масив Виноградар, кінець 1970-х
Vynohradar housing estate, late 1970s

Philipp Meuser

Житлові будинки на Подолі, 1980–1990-ті

впливає економічна ситуація. Спочатку будівництво все ще ведеться масово, житло споруджується мікрорайона-ми, з використанням серій попередніх років. Проте вже на початку 1990-х зникає монументальне мистецтво, наприкінці 1990-х мікрорайони починають споруджувати вже без необхідної

from the previous era. However, the beginning of the 1990s saw the disappearance of monumental art, and by the end of this decade micro-districts were being built without the necessary infrastructure. Some micro-districts have existed without schools and kindergartens for decades.

Residential buildings in Podil, 1980s—1990s

інфраструктури. Деякі з них десятиліттями не мають шкіл та дитсадків.

Період 1990-х залишає по собі певну кількість недобудов, частина з яких буде завершена у 2000-х та 2010-х, частина буде зруйнована для нового будівництва, а невелика частина й досі стоїть незавершеною.

The 1990s left a number of unfinished buildings, some of which were completed in the 2000s and 2010s, while others were demolished to make way for new construction. A small number remain incomplete. The main feature of this period is the transition from state-owned to commercial construction. As a result, mass-produced

Головна особливість періоду — будівельна сфера з державної стає комерційною. Як наслідок, серійні проєкти поволі поступаються місцем індивідуальним. Від середини 2000-х активно споруджуються житлові комплекси, що можуть складатись із кількох будинків і мати певну інфраструктуру — паркінги, магазини тощо. Житлові комплекси можуть споруджуватись як ансамблі, мати певну спільність елементів та кольорове рішення, але їхня архітектура як правило ігнорує все, що розташоване поза межами комплексу.

Іншим наслідком комерціалізації будівництва стає стилістичне розмаїття. У 1990-х одночасно наявні модернізм та постмодернізм, ближче до 2000-х з'являється тенденція псевдоісторичної архітектури, серед якої є як вдалі історичні стилізації, так і кіч. Багато псевдоісторичної архітектури спотворено занадто великими площами вікон та численними багатоярусними мансардами. Ця тенденція в разі застосування в багатоповерховому будівництві породжує так званий капіталістичний романтизм, у якому висотні будинки оздоблюють непропорційними вежечками, колонами тощо.

Тоді ж, у 2000-х з'являється тенденція на суцільно заскленні фасади, зразками яких є офісні центри «Парус» і «Гулівер». Ця тенденція переходить і на житлову архітектуру: частково заскленні фасади є у ЖК «Тріумф», «Рів'єра рівер-сайд» та деяких інших.

Ще одним наслідком комерціалізації будівництва став хаотичний характер забудови. Висотні будинки виникають серед історичної забудови, ігноруючи як контекст, так і масштаб. Відбувається активне знесення історично цінної архітектури задля нового будівництва, забудовуються спортивні майданчики та зелені зони. Архітектура цієї доби вже не зважає на перспективи в просторі та ігнорує перспективу розвитку територій. Вона не вирішує соціальних чи естетичних завдань, а слугує лише комерції.

Іншою унікальною особливістю архітектури 2000—2020-х є приховування авторства. Головним обличчям проєктів стає забудовник, а архітектори здебільшого не згадуються зовсім. Понад те — архітектори не вносять частину своїх проєктів до портфоліо.

designs gave way to individual ones. Since the mid-2000s there has been extensive construction of residential complexes. These often consist of multiple buildings together with infrastructure such as parking spaces, shops, etc. Although residential complexes may be built as ensembles and have a certain commonality of elements and chromatic design, their architecture usually ignores everything located outside the complex.

Another consequence of the commercialisation of construction has been stylistic diversity. The 1990s saw the simultaneous coexistence of Modernism and Postmodernism. Closer to the 2000s, a trend for pseudo-historical architecture emerged; this included both successful historical stylisations and kitsch. Pseudo-historical architecture is often distorted by too large windows and multiple attics. Applied to high-rise construction, this tendency gives rise to so-called 'capitalist romanticism,' in which high-rise buildings are decorated with disproportionate turrets, columns, etc. At the same time, the 2000s brought a trend for fully glazed façades. The Parus and Gulliver office centres are some of the best examples of this. But the trend also applies to residential architecture: partially glazed façades are to be found in the Triumph and Riviera Riverside residential complexes, among others. A further consequence of the commercialisation of construction has been the chaotic nature of development. High-rise buildings have popped up next to historical buildings, ignoring both context and scale. Historically valuable architecture is being demolished to make way for new construction; sports grounds and green areas are also being created. This new architecture no longer takes context into account and has no thought for an area's future development. It makes no attempt to solve social or aesthetic problems but serves commerce alone. Another unique feature of the architecture of the 2000s–2020s is concealment of authorship. The main face of a project is its developer; often there is no mention of architects at all. Moreover, architects will sometimes not put projects they have designed in their portfolios; many designers clearly no longer identify with projects implemented by for-profit investors.

25	73,20
24	70,20
23	67,20
22	64,20
21	61,20
20	58,20
19	55,20
18	52,20
17	49,20
16	46,20
15	43,20
14	40,20
13	37,20
12	34,20
11	31,20
10	28,20
9	25,20
8	22,20
7	19,20
6	16,20
5	13,20
4	9,90
3	6,60
2	3,30
1	+0,00
	-3,10

Житловий будинок на проспекті В. Лобановського, 6-Б, пошкоджений у 2022
Residential building at 6b Lobanovskovskoho avenue; design: 2007; damaged: 2022

26 лютого 2022 року
26 February 2022

Bohdan Kryzhanosky

26 лютого 2022 року
26 February 2022

Philipp Meuser

2022

Житловий комплекс "Файна таун", архітектори — Архіматіка (2019)
Fayna Town residential complex; architects: Arkhimatika (2019)

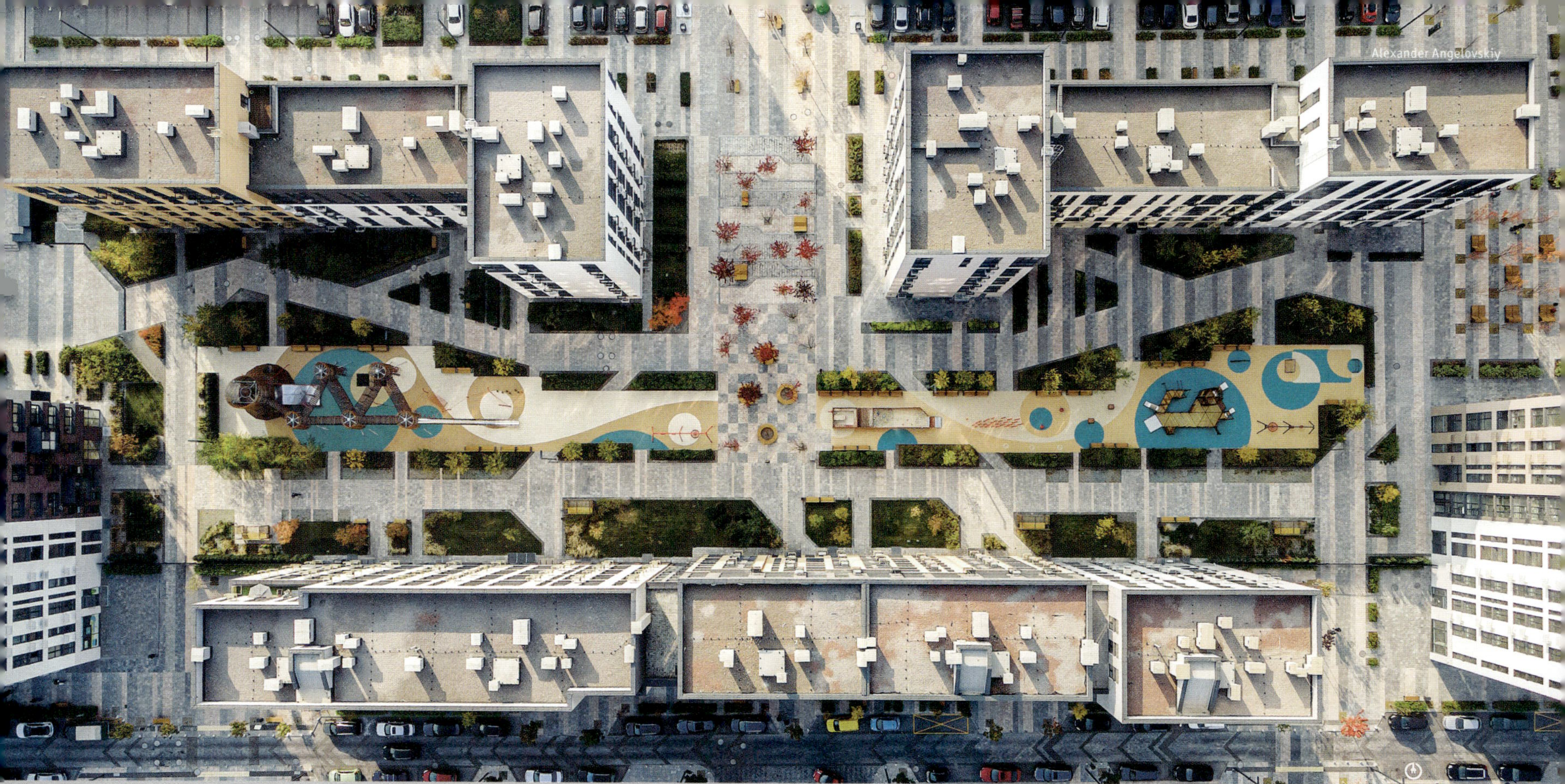

Alexander Angelovskiy

1925–1933

Академія наук та природничий музей
Academy of Sciences and Natural History Museum

вулиця Богдана Хмельницького, 15
Bohdana Khmelnytskoho Street, 15
Павло Альошин Pavlo Alioshyn
(1914–1927, 1937, 1954)

`001 C`

Споруда, у якій сьогодні міститься Національна академія наук України, Національний науково-природничий музей та кілька наукових інститутів, будувалась у декілька етапів. Споруджувати її почали 1914 року для Ольгинської гімназії, далі будівництво зупинилось через Першу світову війну. Починаючи з 1924 року розробляються проєкти добудови споруди, 1927 року її здають без східного крила, 1937 року добудовують крило інституту геології, а на початку 1950-х добудовують 4-й поверх. Незавершеною залишається вежа, яка наявна в усіх проєктах. Архітектурно споруда є зразком класицизму й стилістично поєднується з іншими будівлями кварталу. Зокрема, з Будинком учителя, що також був створений Павлом Альошиним. Архітектор намагався утворити стилістично цілісний класицистичний квартал, в якому також розташовувалася споруда сьогоднішнього Навчально-наукового інституту філології Київського національного університету імені Тараса Шевченка авторства архітектора

Олександра Беретті. Будівля Академії наук стала найтривалішою проєктною роботою Павла Альошина — перший ескіз датовано 1909 роком, останній — 1957. Цінно й те, що попри зміни у державній архітектурній політиці, автору вдалося уникнути стилістичних змін і втілити більшість із задуманого.

The building which today houses the Ukrainian National Academy of Sciences, the National Science and Nature Museum, and several scientific institutes was built in several stages, initially to house the Olgynska Gymnasium. Construction commenced in 1914, then stopped because of the First World War. Starting in 1924, a number of design projects were drawn up

with the aim of completing construction. In 1927 the building was complete, but without its eastern wing. 1937 saw the addition of a wing housing the Institute of Geology. In the early 1950s the fourth storey was added. The tower, which was present in all these projects, remains unfinished. Classical in style, the National Academy of Sciences makes a good fit with other buildings in this quarter – in particular, with the Teacher's House, which was also created by Pavlo Alioshyn. Alioshyn took pains to create a stylistically coherent Neoclassical street block, which also contains what is now the Educational and Scientific Institute of Philology at Taras Shevchenko Kyiv National University, designed by architect Oleksandr Beretti. The Academy of Sciences building was Pavlo Alioshyn's longest project: almost 50 years elapsed between his first (1909) and last (1957) sketches. Also notable is that despite fluctuations in state architectural policy, Alioshyn managed to avoid making stylistic changes to his project; most of what he had planned was implemented.

Nikita Yurenev / Мнкита Юренёв

Будинок офіцерів
House of Officers

002 F

вул. Михайла Грушевського, 30/1
Mykhaila Hrushevskoho Street, 30/1
Василь Кричевський,
Йосип Каракіс Vasyl Krychevskyi, Yosyp Karakis (1914–1915, 1928–1931)

Будівлю Будинку офіцерів почали зводити 1914 року для літньої школи прапорщиків. Через Першу світову війну будівництво зупинилось, встигли спорудити лише 1-й поверх. У 1928 році будівництво відновили, тепер уже для Будинку Червоної армії і Флоту. Архітектором стає Йосип Каракіс, який завершує будівництво 1931 року. Каракіс добудовує споруду в класичному стилі — із цоколем, напівколонами, пілястрами, карнизом. Над вікнами 1-го поверху він розміщує маскарони

з червоноармійцями. Водночас архітектор розширює будівлю, додаючи до торця в Кріпосному провулку актову залу. Оскільки це був Будинок офіцерів Червоної армії, його початковий колір фасаду був червоно-жовтим. Пізніше кольори фасаду змінили, щоб наблизити кольорову гаму до Маріїнського палацу. Будинок офіцерів став не тільки зразком добудови споруди в стилі класицизму в епоху, коли популярним був конструктивізм, а й зразком авторського підходу та вдалої роботи молодого архітектора з історичним стилем під час модифікації проєкту.

Work on building what is now the House of Officers (originally conceived as a summer school for ensigns) began in 1914 but stopped during the First World War, by which time only the ground floor had been built. In 1928 construction was

resumed, now as the House of Officers of the Red Army and the Navy. The architect was Yosyp Karakis, who completed the building in 1931 in a Neoclassical style – with a socle, semi-columns, pilasters, and a cornice. Above the windows of the ground floor, Karakis placed mascarons depicting Red Army soldiers. At the same time, he expanded the building, adding an assembly hall to the end overlooking Kryposny Lane. As this was the House of Red Army Officers, its façade was originally in red and yellow. Later, these colours were changed to make the chromatic scheme closer to the Mariinsky Palace. A rare example of a building erected in the Neoclassical style in the era of Constructivism, the House of Officers also shows the young architect's skilful handling of a historical style during modification of the original design project.

Сільськогосподарська академія
Agricultural Academy

003 A

вулиця Генерала Родимцева, 19, вулиця Героїв Оборони, 13 і 17
Generala Rodymtseva Street, 19, Heroiv Oborony Street, 13 and 17
Дмитро Дяченко Dmytro Dyachenko (1925–1930), Петро Петрушенко та Вадим Созанський Petro Petrushenko and Vadym Sozanskyi (1949–1950 відбудова та надбудова reconstruction)

Сільськогосподарська академія в Голосієві — один з наймасштабніших проєктів міжвоєнної доби в Києві. Початково тут планувався ансамбль з понад 10 корпусів, найбільший з яких мав мати фасад завдовжки понад 300 м. Зрештою було споруджено кілька корпусів інститутів і гуртожитків. Унікальна особливість архітектури комплексу — використання стилю українського бароко. Одним з найкращих зразків став корпус лісотехнічного факультету (корпус № 1, вул. Генерала Родимцева, 19). З усіх побудованих корпусів саме на ньому можна побачити найяскравіші барокові риси, що нагадують і келії Києво-Печерської лаври, і бурсу Софії Київської, і багато інших монастирських будівель. 1941 року корпус було пошкоджено, а в 1949–1950 роках — відновлено зі збереженням стилю і надбудовою 3-го поверху. Іншим бароковим корпусом став № 4 (вулиця Героїв Оборони, 13), що будувався для інституту механізації та електрифікації сільського господарства. Фасад оформлений з арочними вікнами, бароковими карнизами та фронтоном. Палацове планування додає будівлі урочистості. На відміну від корпусу № 1 тут зберігся оригінальний

дах. Іншим бароковим корпусом став № 2 (вулиця Героїв Оборони, 17), що будувався для Агрохімічного інституту. Корпус має Т-подібну форму і розташований біля перехрестя вулиць, що пояснює його двофасадність. Головний фасад виходить на вулицю Генерала Родимцева, де центральний ризаліт прикрашений бароковим фронтоном з пілястрами та символом хімічного факультету. Барокові риси також мають житловий будинок (вулиця Генерала Родимцева, 21) і гуртожиток (вулиця Блакитного, 10). Окремо від комплексу споруджено Зоотехнічний інститут (вулиця Васильківська, 17). Декілька наступних корпусів (вулиця Героїв Оборони, 15 і вулиця Блакитного, 4) Дяченку доведеться перепроєктувати в стилі конструктивізму. Політизація архітектури та арешт автора не залишать йому свободи творити в стилі бароко.

The Agricultural Academy in Holosiiv is one of the largest projects in Kyiv from the interwar period. An ensemble of more than 10 buildings was initially planned; the largest of these was to have had a façade more than 300 metres long. Several buildings housing institutes and dormitories were built. A unique feature of this complex's architecture is the use of the Ukrainian Baroque style. One of the best examples is the Faculty of Forestry building (19 Generala Rodymtseva St.). This has the most vivid Baroque features, reminiscent of the cells of the Kyiv-Pechersk Lavra, the bursa (seminary) of Sophia of Kyiv, and many other monastic buildings. After suffering damage in 1941, this building was restored in 1949–1950; its style was preserved

and a third storey was added. Another Baroque building is 13 Heroiv Oborony Street, which was built for the Institute of Mechanisation and Electrification of Agriculture. The façade has arched windows, Baroque cornices, and a pediment. Its grandeur is reinforced by the building's layout, which resembles that of a palace. Unlike in the case of the Faculty of Forestry, the original roof has here been preserved. The ensemble continues with 17 Heroiv Oborony Street, which was built for the Agrochemical Institute. This building has a T shape and is located near an intersection, which explains its double façade. The main façade overlooks General Rodymtsev Street, where the central risalite is decorated with a Baroque pediment with pilasters and the symbol of the Faculty of Chemistry. Baroque features are also found in a residential building (21 Generala Rodymtseva St.) and a dormitory (10 Blakytnogo St.). The Zootechnical Institute was built separately from the complex (17 Vasylkivska St.). Dmytro Dyachenko had to redesign several subsequent buildings (15 Heroiv Oborony St. and 4 Blakytnogo St.) in the Constructivist style. The politicisation of architecture and the architect's arrest prevented his further use of the Baroque style.

Будинок Шкіртресту
Leather Trust building

004 E

вулиця Панаса Мирного, 1
Panasa Myrnoho Street, 1
Шкіртрест Leather Trust office (1926),
архітектор Глушко architect Glushko
(1939 надбудова 4th floor addition)

Житловий будинок Шкіртресту став одним з перших нових будинків, споруджених у Києві за доби СРСР. Будівля спочатку була 3-поверховою з невеликою мансардою на 4-му поверсі. У 1939 році за проєктом архітектора Глушка будинок був надбудований до чотирьох поверхів, а після Другої світової війни взагалі став 5-поверховим. Оформлення будинку характерне для архітектури 1920-х: високі вікна, клинчасті перемички, скромні карнизи. З елементів конструктивізму тут є лише суцільне скління сходів. Над третім поверхом по всьому фасаду будинку зберігся виконаний цегляною кладкою карниз. Зараз це один з найстарших збережених будинків 1920-х років у Києві.

The Leather Trust building was one of the first new houses built in Kyiv in the Soviet period. Originally a three-storey building with a small attic on the fourth floor, it was extended with the addition of a fourth storey to a design by the architect Glushko in 1939. After the Second World War, a fifth storey was added. The design of this house is typical of the architecture of the 1920s: tall windows, wedge-shaped lintels, and restrained cornices. Constructivist elements are present only in the continuous glazing of the stairwell. The masonry cornice above the third storey has been preserved along the building's entire façade. This is now one of the oldest surviving houses from the 1920s in Kyiv.

Квартал Шкіряного тресту
005 A
Quarter of the Leather Trust
вулиці Кирилівська і Копилівська
Kyrylivska and Kopylivska streets
Жилкоопбуд Zhylcoopbud bureau
(1925–1935), Семен Барзилович
Semen Barzylovych (1957–1959
надбудова superstructure)

Квартал Шкіряного тресту на Кирилівській — цікавий зразок архітектурного ансамблю, що демонструє еволюцію архітектурного стилю 1920–1930-х. У кварталі є чотири доконструктивістські будівлі: № 109-А, 109-Б та 109-В/1 на вулиці Кирилівській та № 2-Б — на вулиці Копилівській. Усі вони споруджені у 1925–1926 роках за проєктом невідомого архітектора. У 1957–1959 роках усі ці будівлі надбудовано. Будинки мають симетричне

планування фасаду, вертикально витягнуті вікна, карнизи. Центральна частина підкреслена аттиком (який був повторений після підвищення поверховості). Водночас будинки мають суцільне скління сходів. Друга частина кварталу забудована в 1930–1935 роках конструктивістськими будівлями. Першим у 1930 році споруджено будинок на вул. Кирилівській, 109. Він має блокову структуру і складається з трьох об'ємів, причому бічні об'єми посунуті на пів поверху відносно центрального. Блоки об'єднані сходовими вузлами, що мають суцільне вертикальне скління. Центральний блок має чотири поверхи, північно-західне крило — три, а південно-східне — аж п'ять. Так утворюється характерна для конструктивізму композиційна асиметрія. Будинок № 2 на Копилівській — найбільш

1928

характерний у всьому кооперативі представник конструктивізму. Він має широкі вікна і складається з двох об'ємів: чотирьох 4-поверхових секцій та чолової 4–5-поверхової секції, розташованої з боку вулиці Копилівської. Чоло будівлі зверху підкреслено глухою стіною заввишки в один поверх. Останнім у кварталі було споруджено будинок на вул. Копилівській, 2-А. Його було завершено вже в період постконструктивізму. Змін у декоративному вигляді будинку не було, за винятком лиштв. Квартал Шкіртресту цінний не тільки як цілісний ансамбль архітектури 1920-х — початку 1930-х, але і як зразок стилістичної еволюції в цей короткий період.

The Leather Trust quarter on Kyrylivska Street is an interesting example of an architectural ensemble that demonstrates the evolution of the architectural style of the 1920s and 1930s. This block contains four pre-Constructivist buildings: nos. 109-A, 109-B, and 109-B/1 on Kyrylivska Street and no. 2-B on Kopylivska Street. All were built in 1925–1926 to a design by an unknown architect. In 1957–1959 one or two storeys were added to all these buildings by the architect Barzylovych. The buildings have a symmetrical façade, vertically elongated windows, and cornices. Their central parts are emphasised by an attic (which was repeated when the new storeys were added). The stairwells have continuous glazing. The second part of the quarter was built in 1930–1935 and has Constructivist buildings. In 1930 the first Constructivist house (109 Kyrylivska Street) was built in this quarter. This has a block structure and consists of three volumes; the

1932

Центральний державний архів-музей літератури і мистецтва України / Central State Archive-Museum of Literature and Art of Ukraine

1930

side volumes are staggered by half a storey relative to the central volume. The blocks are connected by stairwells with continuous vertical glazing. The central block has four storeys, the northwest wing has three storeys, and the southeast wing has five storeys. This compositional asymmetry is typical of Constructivism. Building no. 2 on Kopylivska Street is the most typical example of Constructivism in the entire cooperative. It has wide windows and consists of two volumes: four four-storey sections and a front four-to-five-storey section facing Kopylivska Street. The front of this section is emphasised by a windowless wall above the last storey. The last house in the quarter, built at 2-A Kopylivska Street, was completed in the Post-constructivist period. No changes were made to the house's appearance, except for mouldings. This quarter is valuable not only as a complete ensemble of architecture from the 1920s and early 1930s, but also as an example of stylistic evolution in this short period.

Квартал водників
Watermen's quarter

006 A

вулиці Оболонська, 35, 37, 37-Б,
Юрківська, 34-А, корпус А і Б
Obolonska Street, 35, 37, 37-B,
Yurkivska Street, 34-A, buildings A and B
Управління річкового транспорту
Department of River Transport
(1927–1931)

Квартал між вулицями Юрківською, Турівською та Оболонською став рідкісним для Києва ансамблем забудови кінця 1920-х — початку 1930-х. Його проєктувало та будувало Управління річкового транспорту при Наркоматі шляхів сполучення. Перші будинки кварталу (вулиці Оболонська, 37, 37-Б і Юрківська, 34-А корпус Б) споруджені в 1927–1929 роках, деякі з них мають дату, викладену цеглою на фасаді. Їхню архітектуру можна віднести до протоконструктивізму — клинчасті перемички і трапецієподібні вікна горища тут поєднуються з фрагментованим вертикальним склінням сходів. Будинки на вулицях Юрківській, 34-А, корпус А, і на Оболонській, 31 споруджені у 1930–1931 роках і є представниками конструктивізму. Обидва стоять на вигині вулиці, що вплинуло на їхню планувальну структуру. Будинок на вулиці Юрківській має увігнуті фрагменти обабіч входів. У будинку на вулиці Оболонській сходові клітини зроблені трапецієподібними, причому вікна розташовані на різній висоті та підігнані під марші сходів. На вершині фасаду цеглою викладені літери «НКПС», а також емблема відомства.

The quarter between Yurkivska, Turivska and Obolonska streets is a rare ensemble of buildings from the late 1920s and early 1930s. It was designed and built by the River Transport Department at the People's Commissariat of Communications. The first houses in this block (Obolonska 37, 37-B and Yurkivska 34-A, building B) were built in 1927–1929; some have a date inscribed in bricks on the façade. Their architecture can be attributed to Proto-constructivism: wedge-shaped lintels and trapezoidal attic windows are combined with fragmented vertical glazing of the stairwells. The buildings at 34-A Yurkivska Street and 31 Obolonska Street were erected in 1930–1931 and are examples of Constructivism. Both stand on the bend of the street, which affected their layout structure. The building on Yurkivska Street has concave parts on both sides of the entrances. The stairwells of the house on Obolonska Street are trapezoidal, and the windows are located at different heights to fit the flights of stairs. At the top of the façade the letters 'NKPS' and the department's emblem are laid out in brick.

007 B

Кінофабрика
Film Factory

проспект Перемоги, 44
Peremohy Avenue, 44
Валеріан Риков, Павло Савич
Valerian Rykov, Pavlo Savych
(1927–1928)

007 B

У 1925 році в Києві вирішують побудувати найбільшу в СРСР кінофабрику. На архітектурному конкурсі перемагає Валеріан Риков, який був представником старої школи архітекторів. Проєкт передбачає симетричну архітектурну композицію. Пропонується об'єднати виробничі та допоміжні корпуси в один ритмічний ансамбль, фланкований високими вежами. По осі головного фасаду мав розміститися 3-поверховий адміністративний корпус із центральним входом. Фасад корпусу планувався закутим у граніт, з арочними вікнами, декоративними балконами, скульптурними групами та ритмічно підкресленою вертикаллю. Проєкт Рикова зазнав нищівної критики конструктивістів і був спрощений. з бічних корпусів прибрали високі вежі, а найбільш архітектурно виразний адміністративний павільйон не збудували, залишивши незабудованою ключову частину ділянки, що виходить на проспект Перемоги. На місці адміністративного павільйону, що не відбувся, згодом буде висаджений сад. Попри критику конструктивістів київська кінофабрика зберегла

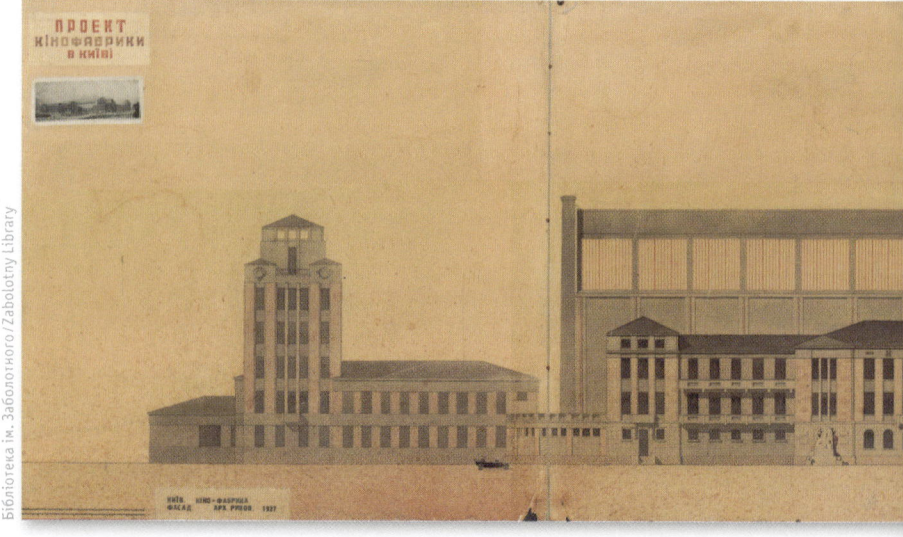

1932

КІНО-ФАБРИКА

симетричну композицію і є представником конструктивістської епохи. Це найбільша споруда, побудована в радянському Києві до першої п'ятирічки.

In 1925 it was decided to build the USSR's largest film factory in Kyiv. The architectural design competition was won by the architect Valerian Rykov, who belonged to the old school of architects. His proposal for a symmetrical architectural composition involved combining production and auxiliary buildings to form a single rhythmic ensemble flanked by towers. A three-storey administrative building with a central entrance was planned along the axis of the main façade. The building's façade was to be clad in granite with arched windows, decorative balconies, groups of sculptures, and rhythmically emphasised verticals. Rykov's project was severely criticised by Constructivists and simplified. The towers were removed from the side buildings, and the administrative pavilion, the most architecturally expressive part of the project, was never built, leaving this key part of the site empty. A garden was later planted on the site. Despite criticism from the Constructivists, the Kyiv Film Factory retained its symmetrical composition and may be regarded as representative of the Constructivist era. This was the largest building built in Soviet Kyiv before the first five-year plan.

Залізничний вокзал
Railway station
Вокзальна площа, 1
Vokzalna Square, 1
Олександр Вербицький
Oleksandr Verbytskyi (1928–1932)

008 C

У 1913 році в Києві вирішують побудувати новий залізничний вокзал, для цього стару споруду руйнують. Але побудувати нову не встигають через Першу світову війну, заклавши лише фундаменти. Як результат, Київ не має повноцінного вокзалу майже два десятиліття. У 1927 році в межах транспортного будівництва першої п'ятирічки вокзал вирішують побудувати. Оголошується закритий архітектурний конкурс фасадів, на якому перше місце здобуває проєкт «Рейка в колі» Олександра Вербицького та Павла Альошина. Проєкт передбачає використання декоративних прийомів історичних архітектурних стилів: рустування фасаду, напівциркульне завершення вікон, фронтон по центру фасаду, два масивні ризаліти з барельєфом. Центральний ризаліт прикрашає параболічна арка. Конструктивісти не погоджуються з перемогою на конкурсі проєкту в історичному стилі і вимагають перегляду конкурсу. Як наслідок, Наркомшлях замовляє ще чотири роботи найкращих радянських архітекторів. Проте в результаті все одно обирають проєкт Вербицького. Через тиск з боку конструктивістів архітектор створює кілька

1955

варіантів проєкту. Він спрощує барокові форми і робить проєкт більш конструктивістським. У 1928 році остаточно приймається до виконання варіант фасаду в спрощених барокових формах. Через скорочення фінансування будівництва майже вдвічі перша черга була обмежена будівництвом центральної частини вокзалу з перонами укороченого типу без козирків, критих галерей та одного тунелю. Спорудження другого тунелю, зали транзитних пасажирів та зали приміського сполучення було відкладено на потім і так і не реалізовано (зал приміських поїздів побудовано у вигляді окремої споруди за іншим проєктом). Київський вокзал став унікальним поєднанням двох архітектурних тенденцій — відродження

національної архітектури та монополізації функціональної архітектури конструктивізму. У майбутньому його інтер'єр буде перероблений у сталінський ампір, що зробить споруду стилістично ще більш багатошаровою.

In 1913 it was decided to build a new railway station in Kyiv. The old station, occupying the site on which the new building was to be erected, was demolished. The start of the First World War, however, interrupted construction of the new station when only its foundations had been laid. This left Kyiv without a proper railway station for almost two decades. In 1927, as part of the transport-infrastructure programme for the first five-year plan, it was

1950

Олександр Вербицький. Перероблений проєкт вокзалу, 1928

finally decided to complete the project. An architectural competition was held for the building's façades. First place was won by 'Rail in a Circle', a proposal by Oleksandr Verbytskyi and Pavlo Alioshyn which made use of decorative techniques taken from historical architectural styles: rustication, semi-circular windows, a pediment in the centre of the façade, two massive risalites, and a bas-relief. The central risalite was emphasised by a parabolic arch. Constructivist architects objected to realisation of a project in a historicist style and demanded a review of the competition result. The People's Committee accordingly commissioned four further designs by leading Soviet architects. The upshot, however, was that Verbytskyi's project was confirmed as winner. Due to pressure from the Constructivists, Verbytskyi created several versions of his design, simplifying the Baroque forms and making

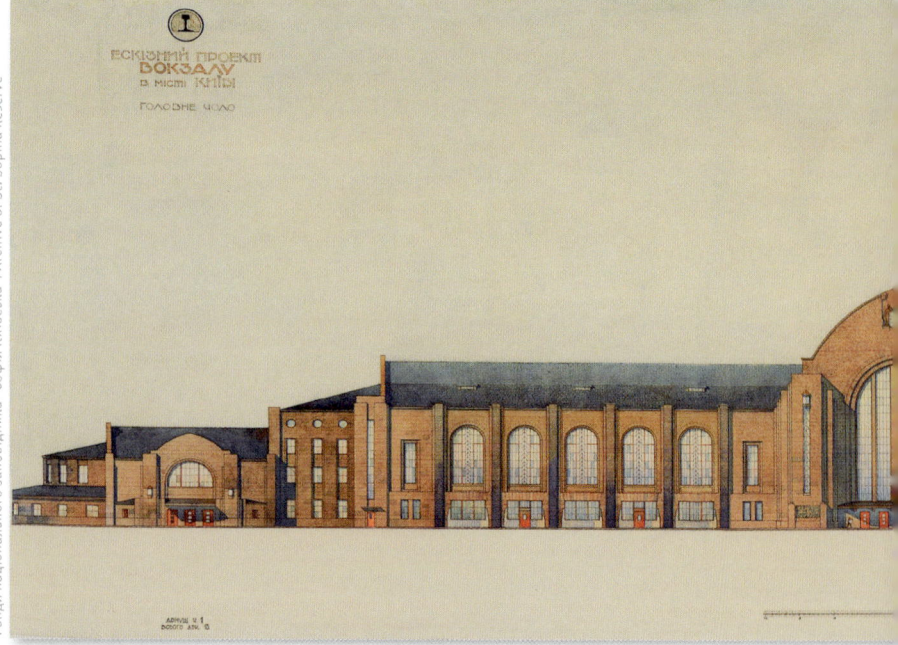

О. Вербицький, П. Альошин. Оригінальний проєкт вокзалу, 1927

Oleksandr Verbytskyi. Modified design for the railway station, 1928

the project more Constructivist. In 1928 a version of the façade employing simplified Baroque forms was finally accepted for implementation. After the construction budget was almost halved, the first phase was limited to construction of the station's central part with shortened platforms without canopies, covered galleries, and one tunnel. Construction of the second tunnel, the hall for transit passengers, and the hall for suburban traffic was postponed and never implemented (the hall for suburban trains was built as a separate building to a different design). Kyiv Railway Station is thus a unique combination of two very different architectural trends: the revival of national architecture and functionalist Constructivist architecture. The station's interior was subsequently redecorated in the Stalinist Empire style, adding a further layer to the building's stylistic diversity.

Oleksandr Verbytskyi, Pavlo Alioshyn. Original design for railway station, 1927

Київська районна електростанція
Kyiv District Power Station

009 **A**

провулок Електриків, 2–19
Elektrykiv Lane, 2–19
Михайло Парусніков, Георгій Гольц,
Андрій Буров Mykhailo Parusnikov,
Heorhii Holts, Andrii Burov
(1926–1930)

Київська районна електростанція (КРЕС) — перша будівля в Києві, спроєктована в стилі конструктивізму. Символічно, що конструктивізм потрапляє до Києва саме через промислову архітектуру, де першість функціональності є природною і закономірною. КРЕС є одним із найяскравіших зразків цього стилю в Києві. Він має асиметричний фасад з динамікою об'ємів, плаский дах та величезну кількість скла на фасаді, стрічкові вікна та стрічки скління сходів, круглі вікна-ілюмінатори котельні та техповерху машинного залу. Будівництво електростанції відбувалось у декілька черг, і тільки перша була споруджена за оригінальним конструктивістським проєктом. Друга черга, споруджувана в середині 1930-х, поступово втрачає конструктивістську динаміку, хоча ритміка фасаду зберігається.

Kyiv District Power Station (KRES) was the first building in Kyiv to be designed in the Constructivist style. It is symbolic that Constructivism came to Kyiv through industrial architecture, a field in which the primacy of functionality is natural. KRES is one of the most striking examples of this style in Kyiv. It has an asymmetrical façade with a dynamic composition, a flat roof, and vast expanses of glass, ribbon windows and ribbon glazing on the stairwells, and circular porthole windows for the boiler room and the technical storey. Construction of this power station was carried out in several stages; only the first phase was

1932

built to the original Constructivist design. The second phase, built in the mid-1930s, gradually lost its Constructivist dynamism, although the rhythm of the façade was retained.

Кінотеатр «Жовтень»
Zhovten Cinema

010 C

вулиця Костянтинівська, 26
Kostiantynivska Street, 26
Ной Троцький Noy Trotskyi
(1929–1930), Сергій Бабулевич
Serhii Babulevych (1937 перебудова
redesign), Є. Гончаренко Ye. Honcharenko
(1989 перебудова redesign)

Кінотеатр «Жовтень» — один з найкращих представників київського конструктивізму. Будівля вирішена у вигляді трьох зблокованих об'ємів, на східному фасаді має характерний для конструктивізму напівциркульний виступ. Також тут є частково пласка покрівля, вікна-ілюмінатори на рівні 2-го поверху, широкий винос карнизної плити і вертикальні стрічкові вікна на стінах наріжного об'єму. Для будівництва кінотеатру

було організовано всесоюзний конкурс, на якому переміг ленінградський архітектор Ной Троцький. У 1930-х роках архітектура кінотеатру підпадає під нищівну критику, і 1937 року в екстер'єр кінотеатру додають класичні елементи (пілястри, карнизи, вази), які частково приховують конструктивістські форми. У 1988 році проєктне бюро Міністерства культури розробило проєкт реконструкції кінотеатру з відновленням початкових конструктивістських архітектурних форм. У 1989 році з фасаду демонтували весь класичний декор. Інтер'єр кінотеатру буде перебудований під час реконструкції після пожежі у 2015 році.

Zhovten Cinema is another fine example of Kyiv Constructivism. This building takes the form of three interlocking

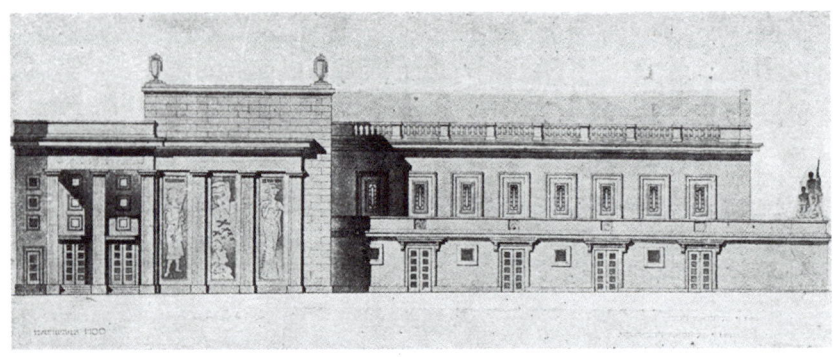

1931

1948

volumes with a semi-circular projection on the eastern façade. Notable features include a partly flat roof, porthole windows at the level of the second floor, a projecting cornice, and vertical ribbon windows on the corner volume. Zhovten Cinema was built following a USSR-wide competition, won by the Leningrad architect Noy Trotsky. In the 1930s the cinema's architecture was subjected to devastating criticism, as a consequence of which Neolassical elements (pilasters, cornices, vases) were added to the exterior in 1937, partly concealing the Constructivist forms. In 1988 the design office at the Ministry of Culture drew up a reconstruction project that involved restoration of the original Constructivist architecture. In 1989 all the Neolassical decoration was removed from the façade. The cinema's interior is to be reconstructed following a fire in 2015.

Клуб «Харчовик»
Kharchovyk Club
вулиця Межигірська, 2
Mezhyhirska Street, 2
Микола Шехонін Mykola Shekhonin
(1931–1935)

011 C

Клуб працівників тресту «Харчовик» м'ясо-рибоконсервної промисловості — ще один яскравий зразок конструктивістської архітектури в громадських будинках Києва. Планувально клуб розбитий на два функціонально незалежні блоки, розташовані на перпендикулярних вулицях і поєднані спільним входом через циліндр фоє. Частина вздовж вулиці Григорія Сковороди відводилася під клубні приміщення (бібліотеку, аудиторії, спортзал), тоді як частина вздовж вулиці Межигірської була театральною спорудою. Наприкінці 1930-х Будинку культури додали парадності — прикрасили фасад балюстрадами, карнизами, шпилем, а вертикальні осі наголосили на пілястрах. Але в 1980-х фасаду було повернуто первісний вигляд. Клуб «Харчовик» разом з кінотеатром «Жовтень» стали єдиними громадськими спорудами доби конструктивізму, до яких було додано декорації у 1930-х і потім прибрано їх у 1980-х. Зараз тут розміщений Театр опери і балету для дітей та юнацтва.

The club of the Kharchovyk consortium of meat and fish canning enterprises is another fine example of Constructivist architecture in a public building in Kyiv. The club is divided into two functionally independent blocks, located on perpendicular streets and connected by a shared entrance consisting of a cylindrical foyer. The block along Hryhoriya Skovorody Street was assigned for use by various clubs (a library, auditoriums, a gym), while the block facing Mezhihirska Street housed a theatre. At the end of the 1930s this house of culture was embellished: the façade was decorated with balustrades, cornices, and a spire, and the

1939

vertical axes were emphasised with pilasters. In the 1980s, however, the façade's original appearance was restored. The Kharchovyk Club and Zhovten Cinema are the only public buildings from the Constructivist era to have had decoration added in the 1930s and then removed in the 1980s. This building currently accommodates the Opera and Ballet Theatre for Children and Youth.

Клуб «Металіст»
Metalist Club
проспект Перемоги, 40
Peremohy Avenue, 40
Яків Мойсієвич Yakiv Moisiievych
(1932–1935)

012 B

Будівля клубу «Металіст» (пізніше — Будинок культури заводу «Більшовик») є ще одним зразком конструктивістської громадської споруди. Асиметричність будівлі відбиває її внутрішню функціональну організацію — західна частина будівлі є концертним залом з необхідним набором приміщень, східна містить клубні приміщення. Клуб та концертний зал мають два окремі входи з проспекту. Естетика функціоналізму також виражена через вікна-ілюмінатори та суцільне скління сходів, асиметричний фасад та апсиду в східній частині фасаду. Початково будівля зводилася з відступом від червоної лінії забудови, від дороги її відділяла зелена зона та залишки старої одноповерхової забудови. Унаслідок розширення проспекту вона опинилася майже на магістралі. У театральній частині клубу зараз діє Циганський театр «Романс».

1937

The Metalist Club (later, the House of Culture of the Bolshevik Factory) is another example of a Constructivist public building. This building's asymmetry reflects its functionalist interior layout: the western part of the building is a concert hall with all the spaces required for this purpose, while the eastern part contains rooms for clubs. The club rooms and the concert hall have separate entrances from the avenue. The functionalist aesthetic is also expressed through the porthole windows, the continuous glazing of the stairwells, the asymmetrical façade, and the apse in the eastern part of the façade. The club building was initially set back from the street edge, being separated from the road by a green zone and one-storey buildings. The expansion of the avenue, however, has left the club almost on the highway. The Romance Gypsy Theatre currently operates in the theatre part of the building.

Ресторан «Динамо»
Restaurant Dynamo
013 F

вулиця Михайла Грушевського, 3
Mykhaila Hrushevskoho Street, 3
Йосип Каракіс, Павло Савич
Yosyp Karakis, Pavlo Savych (1932—1934)

Ресторан «Динамо» — один з яскравих представників конструктивізму та єдиний конструктивістський ресторан Києва. Розташований на схилі, він має динамічний силует, що розширюється догори. Кожний поверх ресторану вирішений неповторно: перший оформлений як цоколь і тинькований під руст, другий мав дві бічні галереї і ряд дрібних вікон, третій мав більші вікна і наріжні тераси, а четвертий виступає над попередніми і має суцільне скління віконного ряду. Вхідна група має широке суцільне вертикальне скління. Дизайн ресторану із часом було змінено: галерея і тераса були засклені, а з правого боку від головного входу прибудували великий зал. Окрім цього, споруда зберегла свій початковий вигляд. Художня цінність будівлі ресторану була визнана ще в 1930-х: його згадували як споруду, що «безперечно, відходить від архітектурного штампу і має художню цінність».

A striking example of Constructivism, this is the only Constructivist restaurant in Kyiv. Located on a slope, it has a dynamic silhouette that expands upwards. Each of the restaurant's storeys is of unique design. The ground storey takes the form of a plinth and is plastered to imitate rustication; the second has two side galleries and a row of small windows; the third has larger windows

1934

1950

1950

and corner terraces; and the fourth, taller than the storeys below, has windows in the form of a continuous line of glazing. The building's entrance has wide continuous vertical glazing. The restaurant's design has changed over time: the gallery and terrace have been glazed, and a large hall has been added to the right of the main entrance. With these exceptions, the building has retained its original appearance. Its architectural value was recognised as early as the 1930s, when it was mentioned as a building that 'definitely departs from the standard architectural pattern and has artistic value.'

Архітектор Йосип Каракіс, доля і творчість; Альбом-каталог. К., 2002 / Architect Iosif Karakis. Fate and creativity. Catalogue album.–K. 2002.

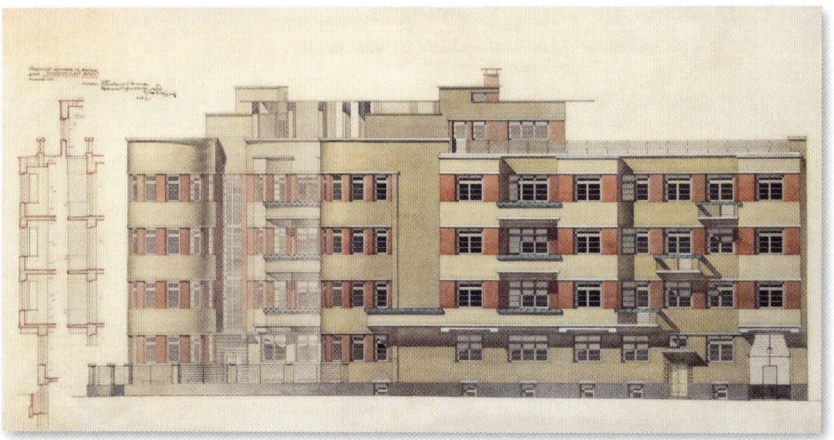

Кооператив «Радянський лікар»
Cooperative Soviet Doctor

014 C

вулиця Велика Житомирська, 17/2
Velyka Zhytomyrska Street, 17/2
Павло Альошин Pavlo Alioshyn
(1928–1930)

Будинок «Радянського лікаря» є одним з найкращих зразків київського конструктивізму й одним з найвідоміших витворів Павла Альошина. Кооперативний будинок зведено на гострому розі вулиць Великої Житомирської та Стрілецької. Архітектор вирішив пом'якшити кут озелененим курдонером та двома наріжними апсидами. Дах будинку вперше в київській практиці був плоским, з монолітного залізобетону, що мало на меті функціональне використання як прогулянковий майданчик і солярій. Фасад будинку

оформлено з імітацією стрічковості вікон з простінків червоної цегли — решта будівлі побудована з жовтої. Цінно, що будинок дійшов до нас в автентичному вигляді. Тут на відміну від більшості конструктивістських будинків Києва збереглося первинне кольорове рішення. Архітектор Альошин проживав у цьому будинку, завдяки чому споруді вдалося уникнути надбудови у 1950-х.

The Soviet Doctor building is one of the best examples of Kyiv Constructivism and one of the most famous works by Pavlo Alioshyn. This cooperative residential building was erected on the acute corner of Velyka Zhytomyrska and Striletska Streets. The architect decided to soften the corner with a *cour d''honneur* (front courtyard) with a garden and two corner apses. For the first time in Kyiv's architectural history, the building was given

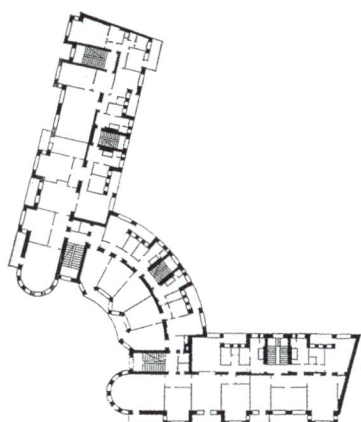

a flat roof made of monolithic reinforced concrete intended for functional use as a walk and solarium. The building's façade is decorated with an imitation of ribbon windows executed in red brick blocks; the remainder of the building is of yellow bricks. That the house has reached us in its original form increases its value. Unlike most Constructivist buildings in Kyiv, the original colour scheme has here been preserved. Pavlo Alioshyn, the building's architect, himself lived in this building and was able to prevent an additional storey being added to the structure in the 1950s.

1930

Кооператив «Поліграфіст»
Polygraphist cooperative

015 **F**

вулиця Липська, 19/7
Lypska Street, 19/7
Інженер Толтус engineer Toltus
(1929–1930)

Будинок «Поліграфіста» одним із перших у Києві мав компоновку зі зсувом на половину поверху. Секції вздовж вулиці Липської розташовані на пів поверху вище за секції уздовж вулиці Пилипа Орлика. Завдяки цьому вони мають цокольний поверх, і якщо його враховувати, будинок виходив 5-поверховим. Наріжна секція цікава тим, що має квартири як на сторону вулиці Липської, так і на сторону вулиці Пилипа Орлика, а квартири розташовані на кожному марші сходів. Початково на фасаді будинку була імітація стрічкових вікон, що досягалося світлішою цеглою в простінках (хоча зазвичай для простінків обирали темніший колір). Згодом будинок пофарбували — й ефект було втрачено. У радянський час його було надбудовано на один поверх, у 2000-х роках додали ще 3 поверхи, які мають незграбний вигляд і псують будинок.

The Polygraphist building was one of the first in Kyiv to have a layout incorporating a half-floor shift. The sections along Lypska Street are located half a storey above the sections along Pylypa Orlyka Street; this created space for a basement, and if the latter is taken into account, the house is five storeys high. The corner section is interesting because it has apartments facing both Lypska Street and Pylypa Orlyka Street and accessed from the same flight of stairs. Initially, this house's façade had an imitation of ribbon windows, which was achieved through the use of lighter bricks (by contrast with the usual practice, which was to use bricks of a darker colour). Later, when the house was painted, this effect was lost. In Soviet times an additional storey was built on. In the 2000s three more storeys were added; these have a clunky appearance and spoil the building.

1930

1927

виступає вертикальним акцентом у місці розширення вулиці Костьольної. У такий спосіб будинок отримує динамічний і ефектний силует. Цей будинок є першою роботою архітектора Миколи Холостенка, який на початку 1930-х продовжував проєктувати в стилі конструктивізму. Згодом його стилістика, як і решти архітекторів, зміниться.

Кооператив «Сяйво»
Siaivo cooperative
вулиця Костьольна, 6
Kostiolna Street, 6
Микола Холостенко
Mykola Kholostenko (1930–1932)

016 C

Житловий будинок кооперативу «Сяйво» позбавлений будь-яких декорацій, в оформленні застосовані суцільне вертикальне скління сходів, круглі вікна-ілюмінатори техповерху, а також характерні для конструктивізму наріжні балкони. Через розташування на схилі вулиці Костьольної будинок має неоднакову поверховість (від 4 до 6 поверхів), при цьому найбільше поверхів він має не в нижній частині, прилеглій до майдану Незалежності, а в наріжній секції, що

The residential building of the Siaivo cooperative has no decoration on its façade. The design has continuous vertical glazing of the stairwells, round porthole windows on the technical floor, and corner balconies. Due to its location on a slope on Kostiolna Street, the building has a varying number of floors (from four to six). The six-storey section is located not in the lower part of the building, next to Independence Square, but on the corner, which serves as a vertical accent at the point where Kostiolna Street widens. This gives the house a dynamic and impressive silhouette. The Siaivo house is the first project by the architect Mykola Kholostenko, who continued to use the Constructivist style in the early 1930s. Over time his style, like that of all other architects, changed.

Кооператив «Арсеналець»
Arsenalets cooperative

017 F

вулиця Михайла
Грушевського, 28/2
Mykhaila Hrushevskoho Street, 28/2
Інженер Анічкін engineer Anichkin
(1929–1932)

Будинок кооперативу «Арсеналець» є найбільшим кооперативним будинком міжвоєнного Києва і найдовшим конструктивістським будинком столиці: довжина його фасаду становить 300 м. Будинок має унікальну особливість — тут є одразу два великі курдонери, що не було властиве добі класичного капіталізму, але активно застосовувалось у міжвоєнному Києві. Частина будинку, що виходить на ріг Кріпосного провулка і вулиці Михайла Грушевського, скошена і має проїзд усередину кварталу. Секції обабіч проїзду мають конструктивістські

1935

наріжні Г-подібні балкони. Початково будинок мав виконану кольором цегли імітацію суцільних стрічкових вікон, проте згодом фасад було пофарбовано.

The Arsenalets cooperative house is the largest cooperative building erected in interwar Kyiv and, with a 300-metre-long façade, the city's longest Constructivist building. This is the only building in Kyiv to have two large cours d'honneur.

This feature was not popular in architecture of the era of classical capitalism but was widespread in interwar Kyiv. The part of the building facing the corner of Kryposnyi Lane and Mykhaila Hrushevskoho Street is sloped and has a driveway leading inside the block. Sections on both sides of this passage have L-shaped corner balconies. Initially, the building had a brick-coloured imitation of continuous ribbon glazing.

Кооператив «Роліт»
Rolit cooperative

вулиця Богдана Хмельницького, 68
Bohdana Khmelnytskoho Street, 68

Василь Кричевський, Петро Костирко Vasyl Krychevskyi, Petro Kostyrko (1933–1934 1 черга 1st part), Микола Сдобнєв Mykola Sdobniev (1937–1939 2 черга 2nd part)

018 C

Будинок кооперативу письменників «Роліт» спочатку мали звести на вулиці Жертв Революції (Трьохсвятительська та Десятинна), однак у 1931 році для нього виділяється нова ділянка. Через зміну ділянки архітекторам Костирку і Кричевському доводиться розробити новий проєкт. Початково будинок проєктується з житловою та загальною частинами — планується спільний для мешканців кінозал, їдальня, більярд, а також клубна та шахова кімнати. Будинок задумувався як елітний, у ньому було побудовано шість 4-кімнатних квартир, 35 3-кімнатних та 19 2-кімнатних. Проте через обмеженість бюджету авторам доводилося постійно вносити правки, спрощуючи проєкт. На вимогу письменників у проєкт були додані початково відсутні кухні. Як наслідок, планування виявилося незручним — кухні вийшли крихітними, з дверима в туалет прямо з них. Обидва проєкти — початковий і втілений — були виконані в стилі конструктивізму. Завдяки розташуванню на схилі крайня секція будівлі виходить 7-поверховою, що стає рекордом для всієї конструктивістської архітектури Києва, яка має здебільшого чотири поверхи. Замість сектору для спільного користування друга черга будівництва стала житловою секцією, спорудженою архітектором Миколою Сдобнєвим у стилі сталінського класицизму. 7-поверхова наріжна секція увінчана терасою і має просторі 4-кімнатні і 5-кімнатні квартири з кабінетами, кімнатою домогосподарки і чорними сходами. Це вже не кооперативне, а елітне номенклатурне житло.

The house of the Rolit writers' cooperative was originally to have been built on Zhertv Revolyutsii Street (today's Tryohsvyatytelska and Desyatynna streets), but in 1931 a new site was assigned to it. Due to the change of site, the architects Kostyrko and Krychevsky had to develop a new design project. Initially, the building incorporated both residential and communal elements, including a communal cinema hall, a dining room, a billiards room, and club and chess rooms for residents. This was to be an elite building: it contained six four-room, 35 three-room, and 19 two-room apartments. However, the limited budget compelled the authors to constantly make changes, simplifying the project. At the writers' request, the private kitchens which had initially been missing from the design were added. This change to the apartments' layouts had inconvenient consequences: the kitchens turned out to be tiny; access to the toilet was from the kitchen. Both projects – the initial design with communal spaces and the variant that was implemented – were

in the Constructivist style. Due to the house's location on a slope, its end section is seven storeys high, a record height for Constructivist architecture in Kyiv, which is mostly four-storey. Instead of a section for communal use, the second construction stage involved erection of a residential section, built by architect Sdobniev in the style of Stalinist Classicism. Topped by a terrace, the seven-storey corner contains spacious four- and five-room apartments with studies, housekeeper's rooms, and a service staircase. This was no longer a cooperative house but elite housing for the nomenklatura.

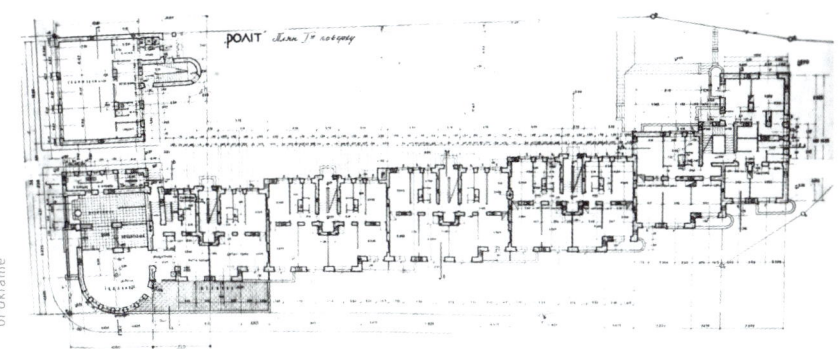

Будинок юристів
House of Lawyers

вулиця Січових Стрільців, 48
Sichovyh Striltsiv Street, 48
Сергій Царьов Serhii Tsariov
(1933–1934)

019 C

Будинок Наркомату юстиції є цікавим зразком конструктивізму. Тут збереглося горизонтальне членування кольорів. Початково в будинку була спільна їдальня з кухнею та допоміжними приміщеннями на напівпідвальному поверсі. Будинок має суцільне вертикальне скління сходів. Самі ж сходи оздоблені різьбленими дерев'яними балюстрадами, що зовсім не характерно конструктивізму та, ймовірно, було зроблено через брак будматеріалів. Будинок Наркомату юстиції має цікаву постановку в просторі. Вулиця йде вздовж паралелі, що за коридорної забудови неминуче призводить до наявності в будинках вікон, що виходять на північ. З погляду інсоляції така постановка вкрай небажана, тому будинок має

кут 40 градусів до червоної лінії вулиці (паралельно забудові стоїть лише одна секція). Подібне рішення нерідко трапляється під час будівництва на незабудованих ділянках, але випадок такого розташування будинку в уже наявній забудові був для Києва безпрецедентним.

The People's Commissariat of Justice building is an interesting example of Constructivism. The horizontal division of colours has been preserved. Originally, the house had a communal dining room with a kitchen and utility rooms on the semi-basement floor. The house has continuous vertical glazing of the stairwells. The stairs themselves are decorated with carved wooden balustrades – a feature that is not found in any other Constructivist building in the city and was probably due to shortage of building materials. The People's Commissariat of Justice building has an interesting spatial composition. The street runs parallel to the equator, which makes the presence of north-facing windows almost inevitable. From the point of view of insolation, this would be extremely undesirable, so the building has been placed at an angle of 40 degrees to the street (only one section stands parallel to the street). This kind of solution is often found in construction of new streets, but the oblique positioning of a building amidst existing structures in a densely built area was unprecedented in Kyiv.

1933

Житловий комбінат «Жовтнівка»

020 C

Zhovtnivka housing complex
вулиця Володимира
Винниченка, 12–20
Volodymyra Vynnychenka Street, 12–20
Жилкоопбуд Zhylcoopbud bureau
(1930–1935)

Житлокомбінат «Жовтнівка» — один з трьох районних житлових комбінатів, які почали споруджувати в Києві 1930 року. Будівництво планувалось у вигляді блокової забудови цілого кварталу. Житлові будинки для кращої інсоляції мали споруджуватись під кутом до червоної лінії забудови. Планувались спільні для мешканців комбінату пральня, ясла, дитсадок, їдальня та спортзал. Будівництво велось за типовими 4-поверховими проєктами, розробленими для масового будівництва. Уперше в Києві розглядалась можливість масового використання пласких дахів, але через брак якісних гідроізоляційних матеріалів дахи були зроблені покатими. Будинки споруджувались 4-поверховими, проте згодом були надбудовані до 5 поверхів. У секції було по 2 квартири на поверх, що давало змогу зробити наскрізне провітрювання (у торцевих секціях — кутове провітрювання). Спочатку планувалось будівництво 10 корпусів — 6 уздовж вулиці Володимира Винниченка і 4 — уздовж вулиці Січових стрільців. Зрештою буде зведено 4 будинки вздовж вулиці Винниченка. Перші два корпуси (№ 18 і 20) були здані 1932 року, ще один (№ 14) — у 1934 році, й останній (№ 12) — у 1935. Цікаво, що будинок № 12 має дві секції, добудовані після Другої світової війни, але зі збереженням стилю.

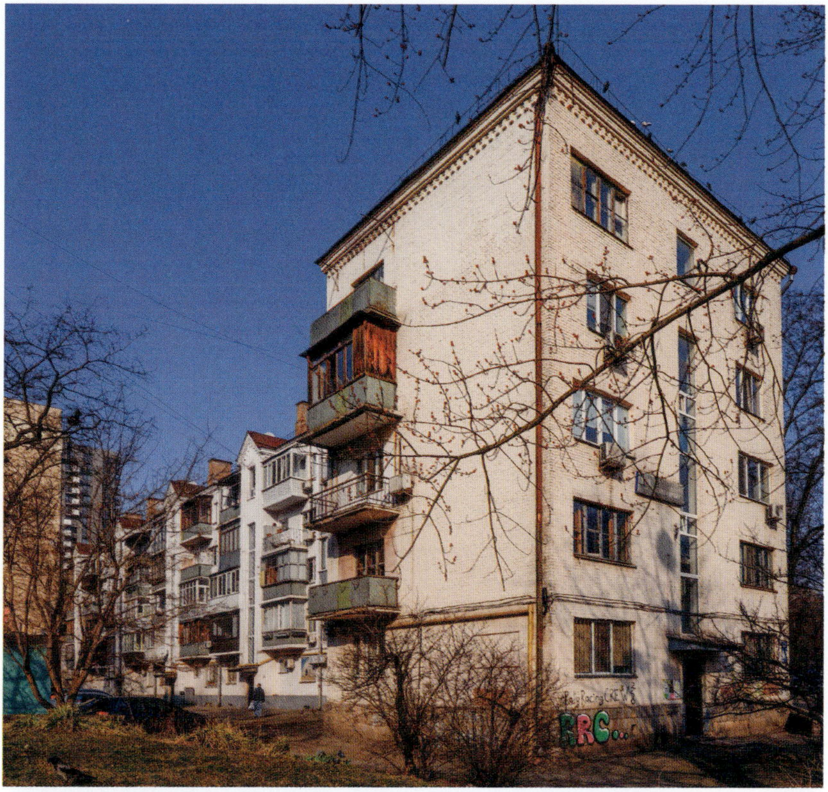

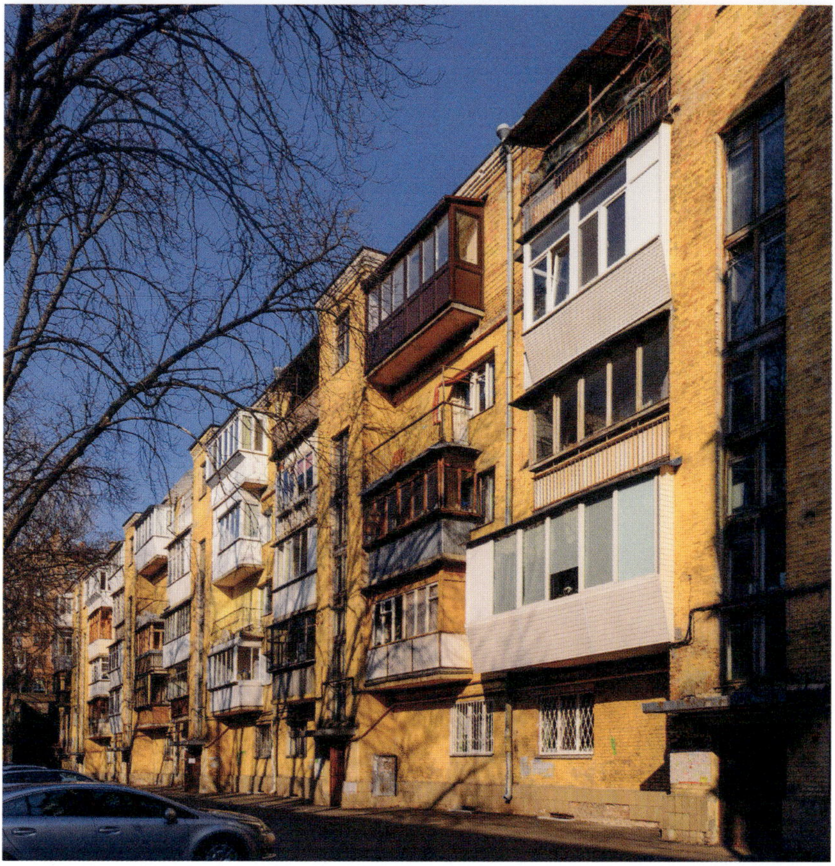

The Zhovtnivka housing complex is one of three district housing complexes whose construction commenced in Kyiv in 1930. It was planned as development of an entire street block. To improve their insolation, the residential buildings had to be erected at a specific angle to the street edge. A communal laundry, nursery, kindergarten, dining room, and gym were planned for the complex's residents. Construction was carried out using standard four-storey design projects intended for mass construction. For the first time in Kyiv, consideration was given to the possibility of extensive use of flat roofs; but the lack of high-quality waterproofing materials meant that in the end sloping

1932

roofs were built. The buildings initially had four storeys but were later extended to five. There were two apartments per floor in each section, which made it possible to provide side-to-side ventilation (the end sections had corner ventilation). Originally, 10 buildings were planned – six along Volodymyra Vynnychenka Street and four along Sichovyh Striltsiv Street. In the end, however, only four houses were built along Vynnychenka Street. The first two buildings (nos. 18 and 20) were completed in 1932, another (no. 14) in 1934, and the last (no. 12) in 1935. Building no. 12 is unique: it has two sections that were built after the Second World War, but in the Constructivist style.

Будинок спеціалістів
House of Specialists
проспект Перемоги, 30
Peremohy Avenue, 30
Микола Холостенко, Юрій Шафран
Mykola Kholostenko, Yurii Shafran
(1932–1936)

`021` `B`

Будинки спеціалістів — особливий тип будинків, чиє фінансування та постачання матеріалами відбувались не на республіканському, а на всесоюзному рівні. Ці будинки мали підвищений комфорт: квартири в них мали бути 3- і 4-кімнатні, з кухнею, ванною та вбиральнею. У Києві планувалось побудувати три будинки спеціалістів, але звели лише один. За проєктом 1932 року будинок споруджувався 5-поверховим і мав конструктивну схему, що поєднує цегляні стіни із залізобетонним каркасом. Планувальний будинок має П-подібну форму з крилами різної довжини та складається з десяти секцій. Стилістично будинок є зразком конструктивізму — він має сіро-червоне стрічкове забарвлення, підкреслена горизонтальність, наріжні балкони. Будинок має вціліле оригінальне стрічкове фарбування фасаду, яке мало де у Києві збереглося. У 1934 році у зв'язку з новими віяннями проєкт був незначно перероблений — центральна частина фасаду зроблена 6-поверховою, а над нею було додано декоративний фриз, виконаний бригадою вихідця з Польщі Бернарда Кратка. Додавання фриза зафіксувало перехід стилю з конструктивізму у постконструктивізм.

1947

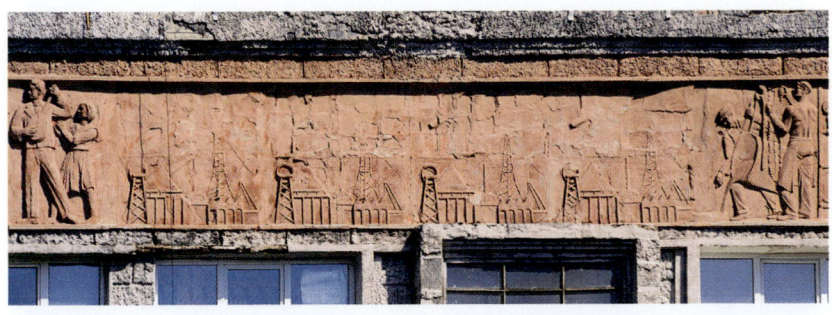

grey-red ribbon colour, emphatic horizontality, and corner balconies. Rarely for Kyiv, the original façade painting has been preserved. In 1934 the emergence of new trends led to revision of the original project: the central part of the façade became six-storey and, above it, a decorative frieze was added. This was created by the team of Bernard Kratko, an Ukrainian sculptor of Polish origin. The addition of the frieze marked the stylistic transition from Constructivism to Post-constructivism.

Specialists' houses are a special type of house whose construction (including supply of materials) was organised by the central USSR authorities, as opposed to the Ukrainian Soviet Socialist Republic. These houses were designed for enhanced comfort: the apartments had three or four rooms, a kitchen, a bathroom, and a toilet. There were plans to build three specialists' houses in Kyiv; only one, however, was actually built. The design project of 1932 had five storeys and a structural scheme that combined brick walls with a frame of reinforced concrete. This U-shaped house has two wings of different lengths, consists of 10 sections, and, stylistically, is an example of Constructivism: it has a

1934

1925 – 1933

1934 – 1941

1945 – 1958

1959 – 1991

1992 – 2023

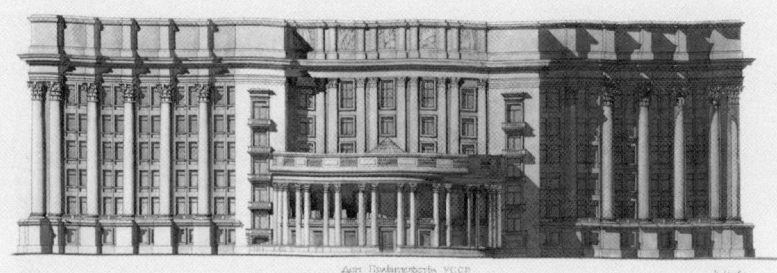

Дом Правительства УССР

1942

Міністерство закордонних справ
Ministry of Foreign Affairs

022 C

Михайлівська площа, 1
Mykhailivska Square, 1
Йосип Лангбард Yosyp Langbard
(1936–1938)

Конкурс на забудову Урядового центру в Києві було проголошено у 1934 році. Місцем урядових будівель Центрального Комітету і Ради Народних Комісарів було обрано Михайлівську гірку, на місці однойменного монастиря, який було вирішено знести. У результаті трьох турів конкурсу наприкінці 1935 року було обрано проєкт ленінградського архітектора Йосипа Лангбарда. Це його єдина будівля в Києві. Проєкт пропонував дві дугоподібні споруди з ідентичними увігнутими фасадами. З боку площі споруду прикрашала відокремлена колонада величезного ордеру. У проєкті Лангбард орієнтує архітектуру будівель на зовнішній простір — гербові композиції мали постати на фасадах, орієнтованих на Дніпро. У 1936 році проєкт було переорієнтовано всередину — герби перенесли на колонади. У 1936 році змінилося й оформлення вікон: замість рам лиштви вікон були прикрашені фронтонами, що перенасичало фасад. До атикового поверху фасаду, зверненого до Дніпра, були домальовані фризи та скульптури, які не було втілено. З двох споруд була побудована лише одна, у якій початково мав розміститися Уряд, але її було віддано для ЦК, а пізніше — для Обкому КП(б)У. Після здобуття Україною незалежності в споруді міститься Міністерство закордонних справ.

An architectural competition to design the Government Centre in Kyiv was held in 1934. The location chosen for the government buildings of the Central Committee and the Council of People's Commissars was Mykhailivska Hill, on the site of the monastery of the same name, which was slated for demolition. At the end of 1935 after three rounds of the competition, a design by the Leningrad architect Yosip Langbard was chosen. This is his only building in Kyiv. His proposal was for two arcing buildings with identical concave façades. On the side facing the square, each building was decorated with its own colonnade in a colossal order. Heraldic compositions were to have been placed on the façades oriented towards the Dnipro. In 1936 the project was reoriented inwards and the coats of arms were moved to the colonnades. The design of the windows was also changed: the frames originally planned for their decoration were replaced with pediments, oversaturating the façade. Friezes and sculptures were planned for the attic storey of the façade facing the river but were not implemented. Of the two buildings, only one was built. This was originally supposed to house the republic's government but was then assigned to the Central Committee and later re-assigned to the Regional Committee of the CP(b)U. After Ukraine gained its independence, this building housed the Ministry of Foreign Affairs.

Кабінет міністрів
Cabinet of Ministers

023 F

вулиця Михайла
Грушевського, 12/2
Mykhaila Hrushevskoho Street, 12/2
Іван Фомін Ivan Fomin (1934–1938)

Будівля Кабінету міністрів початково споруджувалась для НКВС, її призначення було змінене в останній момент перед здачею. На момент побудови це був найвищий будинок у Києві: до нього 11 поверхів було тільки в будинку Гінзбурга, та й то — у частині на схилі. З 1941 по 1953 рік Кабмін залишався єдиним 11-поверховим будинком Києва. Також це був найдорожчий будинок у міжвоєнному Києві: вартість його

будівництва становила понад 20 млн рублів, а разом із оздоблювальними роботами — 23 млн. Масштабна будівля була запроєктована у великому ордері. Колосальні пілястри на всю висоту середніх п'яти поверхів йдуть усіма трьома фасадами. Головний фасад має дугоподібну побудову і прикрашений 14 напівколонами, обробленими під натуральний камінь. З обох його боків виступають два гігантські портики з потужними колонами на висоту середніх п'яти поверхів. По краях портиків колони здвоєні, що є одним із характерних прийомів творчості Фоміна. Спочатку капітелі та основи колон були забарвлені в попелясто-зелений тон старовинної бронзи. Нижні три поверхи будинку

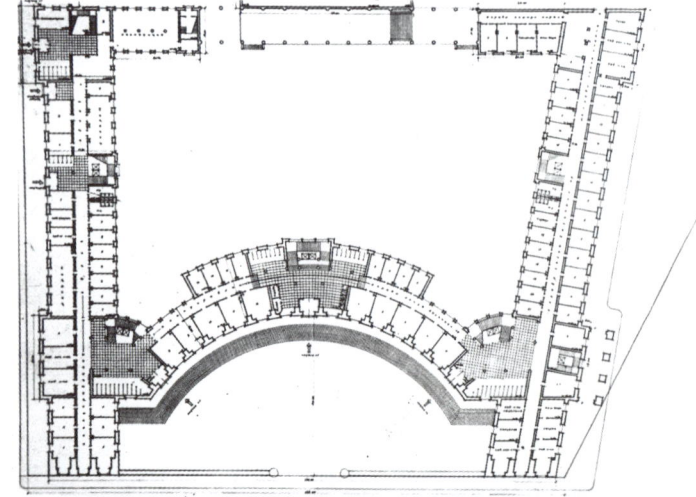

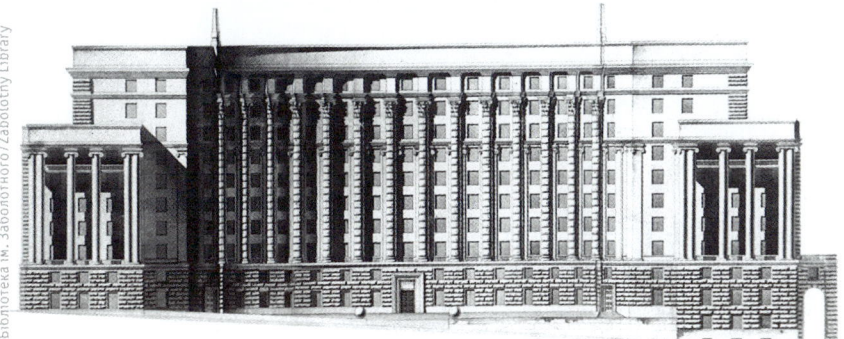

Бібліотека ім. Заболотного / Zabolotny Library

облицьовані сірим лабрадором, а стіни, двері та карниз над третім поверхом обрамлені полірованим лабрадором. Архітектор Фомін не дожив до здачі споруди. Він помер у 1936 році, після чого будівлю завершував його учень Павло Абросімов.

The Cabinet of Ministers building was originally built for the NKVD (People's Commissariat of Internal Affairs), but its purpose was changed at the last moment before completion. At the time of its construction, this was the tallest building in Kyiv: previously, the Ginzburg House had been the only building to have 11 storeys. From 1941 to 1953 the Cabinet of Ministers was the only 11-storey building in Kyiv. It was also the most expensive building in the interwar period, having cost more than 20 million rubles to build or 23 million rubles together with its interior decoration. This grand building was designed in a large Neoclassical order. Colossal pilasters extending over the middle five storeys run along all three façades. The main façade forms an arc and is decorated with 14 semi-columns cladwith natural stone. Two giant porticos with powerful columns stretching over the middle five floors protrude on both sides of the façade. Along the edges of the porticos the columns are doubled – a signature feature of Ivan Fomin's architectural style. The capitals and bases of the columns were originally painted an ash-green shade of ancient bronze. The building's bottom three storeys are clad in grey labradorite, while the walls, doors, and cornice above the third storey are framed in polished labradorite. Fomin did not live to see the end of construction. After he died in 1936, the building was completed by his student Pavlo Abrosimov.

Офіс Президента
Office of the President
вулиця Банкова, 11
Bankova Street, 11
Сергій Григор'єв Serhii Hryhoriev
(1936–1939)

024 F

Будівля Офісу Президента — не лише один з яскравих зразків адміністративної архітектури 1930-х, але й результат складного завдання реконструкції трьох наявних будинків, які навіть не стояли на прямій лінії. Будівлю було споруджено для штабу Київського військового округу. Григор'єв розбирає частину стін центрального будинку, відсуваючи фасад углиб і будуючи по центру нової споруди масивний ризаліт з колонадою. Це одночасно забезпечило можливість дати будівлі виразний силует і нівелювати факт, що вона складається з трьох різних будинків. На останньому поверсі використано полегшувальний прийом аркад. Ці арки розділені спареними колонами — прийом «пролетарської класики» архітектора Фоміна. Зростання висоти забудови на вузькій вулиці Банковій загрожувало відсутністю достатньої перспективи для ефективного сприйняття будівлі. Тому напроти центрального входу Григор'єв розмістив багатомаршеві парадні сходи. Під час реставрації у 2000-х сходи від центральної осі відсунули, порушивши важливу складову сприйняття будівлі. Споруда Офісу Президента — найбільша із споруд архітектора Григор'єва

й одна з його останніх у Києві. Під час Другої світової війни він емігрує до Європи, а потім — до США.

The President's Office building is the result of reconstructing three existing buildings to form a single structure. This task was made more difficult because the buildings did not even stand in a straight line. The original buildings were the headquarters of Kyiv Military District. Hryhoriev dismantled some of the walls of the central element, moved the façade back, and built a massive risalite with a colonnade in the centre of the new building. This gave it a well-defined silhouette and concealed the fact that it consisted of three different buildings. The arcades on the top storey lighten the building's appearance. The arches are separated by paired columns – a feature of Ivan Fomin's 'proletarian Classical style'. The increase in the building's height on narrow Bankova Street raised the threat that there would be insufficient space in which to view the building properly. Hryhoriev accordingly placed a multi-flight grand staircase opposite the central entrance. During a restoration carried out in the 2000s, the stairs were moved away from the central axis, disrupting an important component of how the building is perceived. The President's Office is the largest building by Serhii Hryhoriev and was one of his last in Kyiv. Hryhoriev emigrated to Europe during the Second World War, and then to the USA.

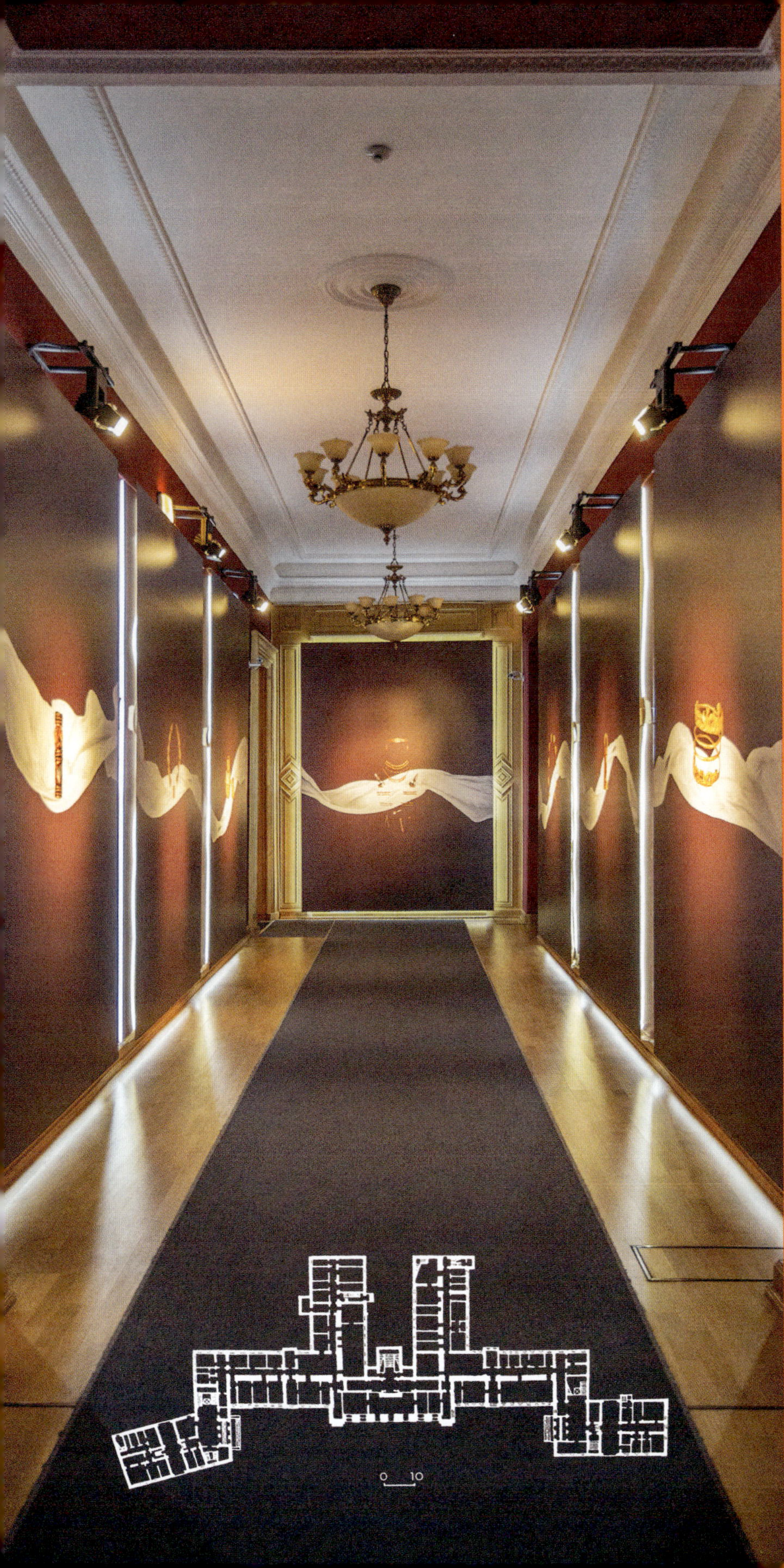
0 10

Верховна Рада
Verkhovna Rada

025 **F**

вулиця Михайла Грушевського, 5
Mykhaila Hrushevskoho Street, 5
Володимир Заболотний,
Наталія Чмутіна Volodymyr Zabolotnyi,
Natalia Chmutina (1936–1939)

Будівля Парламенту споруджувалась для Всеукраїнського Центрального Виконавчого комітету (ВУЦИК) і була побудована в результаті архітектурного конкурсу, що відбувся у 1936 році. Переміг проєкт бригади Заболотного, що мав вдале внутрішнє планування та продуману акустику залу засідань. Вдалим було й зовнішнє архітектурне рішення — будівля була одночасно презентабельною і пропорційною навколишній забудові, мала простоту й монументальність форм, а також — продумане рішення фасадів як з боку вулиці Шовковичної, так і з боку площі. У процесі будівництва до архітектури будівлі вносилися зміни. У 1938 році був перероблений зал засідань — додано балкони. Також було змінено форму купола — з гранованого він став сферичним. Верховна Рада стала вдалим зразком сталінського класицизму не

лише в екстер'єрі, а й у інтер'єрі будівлі. Тут був застосований принцип синтезу мистецтв — взаємодії архітектури, скульптури та живопису. Для цієї будівлі бригада Заболотного розробила спеціальний дизайн дверей та дверних ручок, люстр та настінних світильників. Стелю фоє прикрашала картина художників Щербакових «Квітуча Україна». Перед фасадом будівлі були встановлені скульптури. Під час реконструкції у 1945–1947 роках до споруди із західної сторони було додано напівкруглу прибудову, в якій розмістилася частина комітетів Парламенту.

The Verkhovna Rada (Ukrainian parliament) building was built for the All-Ukrainian Central Executive Committee (VUCYK) following an architectural competition held in 1936. The winning project was by the team of Volodomyr Zabolotnyi; this had an accomplished interior layout and an assembly hall with sophisticated acoustics. The exterior architectural design was also successful: the building was both presentable and proportional to its surroundings, possessed simple and monumental forms, and had façades of elaborate design facing both Shovkovychna Street and the square. During construction, changes were made to the building's architecture. In 1938 the meeting hall was remodelled with the addition of balconies. The shape of the dome was also changed from facetted to spherical. The Verkhovna Rada was a successful example of Stalinist Neoclassicism in both its exterior architecture and interior design. This is a case of application of the principle of synthesis of the arts – the interaction of architecture, sculpture, and painting. Zabolotnyi's team designed doors and door handles, chandeliers, and wall lamps specially for this building. The ceiling of the foyer was decorated with *Blooming Ukraine*, a painting by B. and I. Shcherbakov, artists from Leningrad. Sculptures were installed in front of the façade. During the reconstruction of 1945–1947 a semi-circular annex was added to the building on the western side to accommodate parliamentary committees.

1939

Будинок НКВС
House of the NKVD

вулиця Академіка
Богомольця, 7/14
Akademika Bohomoltsia Street, 7/14
Георгій Любченко   Heorhii Liubchenko
(1934–1935)

026 F

Це найдовший будинок міжвоєнного Києва. Він складається з 21 секції і має загальну протяжність фасаду 450 метрів. Будинок займає більшу частину непарної сторони вулиці Богомольця і звернений на неї 85-метровим курдонером — найбільшим міжвоєнним курдонером Києва. По центру курдонеру розташована арка заввишки майже 7 м. По сторонах від арки на фасаді наявні дати будівництва, над якими — декоративний орнамент рослинної тематики. Будинок, переважно 4-поверховий, має 5-поверхові секції на наріжних ділянках і навколо курдонеру. В архітектурному оформленні фасаду є ціла низка конструктивістських прийомів, як-от суцільне скління сходів і горизонтальне членування об'ємів. Але найцікавішим конструктивістським елементом є 5-поверхова секція на вигині вулиці Богомольця, оформлена з нанизаною на підкову балконів апсидою. Через значну кількість конструктивістських елементів будинок в 1937 році критикуватимуть за «нудний ритм об'ємних потвор, від яких тхне конструктивістичними прийомами Баухаузу». Будинок НКВС — єдиний відомий будинок авторства архітектора Георгія Любченка.

The longest building in interwar Kyiv, the NKVD house consists of 21 sections and has a total façade length of 450 metres. The building occupies most of the odd-numbered side of Bohomoltsia Street, onto which it opens with an 85-metre-long *cour d'honneur* – the largest interwar *cour d'honneur* in Kyiv. In the centre of the yard is an arch almost seven metres high. On the sides of the façade are the dates of the house's construction, above which is a decorative floral ornament. Mostly four-storey, the building has five-storey sections at the corners and around the *cour d'honneur*. The architectural design of the façade exhibits a number of Constructivist motifs, including continuous glazing of the stairwells and horizontal articulation. The most interesting Constructivist element, however, is the five-storey section at the bend in Bohomoltsia Street; this has an apse with a horseshoe of balconies. The preponderance of Constructivist elements earned the house criticism in 1937 for its 'boring rhythm of three-dimensional monstrosities, which reeks of Bauhaus Constructivist techniques.' The NKVD house is the only building known to have been designed by the architect Heorhii Liubchenko.

1936

Будинок НКВС
House of the NKVD

 027 F

вулиця Лютеранська, 27–29
Liuteranska Street, 27–29
Микола Черноморченко
Mykola Chernomorchenko
(1934–1935)

64-квартирний житловий будинок розташований на ділянці 90-метрової ширини, але за рахунок 25-метрового курдонеру загальна довжина фасаду збільшується до 130 м, що вдало відображено в архітектурі будівлі. Курдонер споруджено навпроти вулиці Круглоуніверситетської, що створює ефектну перспективу для сприйняття будинку. Фасад будівлі оформлений рустуванням, особливо вираженим на рівні 1-го поверху. Вхідні групи наріжних секцій підкреслені портиками, що слугують балконами квартир 2-го поверху. Портики обрамлені спареними пілястрами, що перегукується з оформленням вхідних груп будинків Ради народних комісарів (РНК) авторства Сергія Григор'єва. Крім того, аттики скошених наріжних секцій, як і розташованої в курдонері, прикрашені декоративними вставками.

This 64-apartment residential building is located on a 90-metre-wide plot. The 25-metre-wide *cour d'honneur* (court-yard) increases the total length of the building's facade to 130 metres, which is successfully reflected in the building's architecture. The *cour d'honneur* is opposite Kruglouniversitetska Street; this creates a spectacular perspective from which to view the house. The façade is rusticated, with especially expressive rustication on the ground floor. The entrances at the corners are highlighted by porticos that serve as balconies for apartments on the second floor. The porticos are framed by paired pilasters, an echo of the design of the entrances of the Council of People's Commissars (RNK) building, which was designed by Sergii Hryhoriev. The attics of the *cour d'honneur* and the oblique corner sections are decorated with floral ornaments.

Будинок КВО
House of KVO

028 **F**

вулиця Інститутська, 24/7
Instytutska Street, 24/7
Микола Черноморченко
Mykola Chernomorchenko (1934–1935)

Проєкт житлового будинку був початково розроблений для Об'єднаного державного політичного управління (ОДПУ), але під час будівництва призначення змінилось і його здали для робітників штабу Київського військового округу. Це один з кількох випадків зміни призначення споруджуваної будівлі, що траплялися у міжвоєнному Києві. Будинок є цікавим зразком постконструктивізму, що поєднує в собі функціональні та класичні прийоми. До останніх можна віднести триярусне горизонтальне членування фасаду. Перший поверх оформлений рустом під цоколь і відокремлений від верхніх поверхів двома поясами — на рівні плит балкона та на рівні підвіконня 2-го поверху. Завершенням вертикальної композиції є 5-й поверх, відокремлений від нижніх такими самими двома поясами. Простінки вікон 5-го поверху прикрашені здвоєними короткими колонами без баз і капітелей — елемент «червоної доріжки» Івана Фоміна. Будинок 120-квартирний, має 11 секцій і за рахунок 30-метрового курдонеру має загальну довжину фасаду 250 м, що робить його одним з найдовших будинків на Липках.

The design for this residential building was originally developed for the United State Political Administration (ODPU), but during construction the building underwent a change of purpose and was re-assigned to the Kyiv Military District (KVO) – one of a number of cases in interwar Kyiv where a building's purpose was changed as it was being constructed. This house is an interesting example of Post-constructivism, a style which combines functionalist and Classical techniques. The three-tiered horizontal division of the façade can be attributed to the latter. The ground floor is decorated with a plinth and is separated from the upper floors by two string courses – one level with the second-floor balconies, the other with the window sills on the same floor. The vertical composition is completed by the fifth storey, which is separated from the floors below by two more string courses. The fifth-floor windows have double short columns without bases and capitals – an element taken from Ivan Fomin's 'proletarian Classicism'. This 120-apartment building has 11 sections and a total façade length of 250 metres, making it one of the longest buildings in the district of Lypky.

Будинок КВО
House of KVO

029 C

вулиця Золотоворітська, 2
Zolotovoritska Street, 2
Йосип Каракіс, Анатолій
Добровольський Yosyp Karakis,
Anatolii Dobrovolskyi (1934)

Цей будинок — перша робота, створена за участі майбутнього головного архітектора Києва Анатолія Добровольського. Будинок вирізняється властивою почерку Каракіса оригінальністю: він не одягнутий «у футляр декорацій», а має динамічне об'ємно-просторове рішення. Частина будинку вздовж вулиці Золотоворітської вирішена 4-поверховою, частина вздовж вулиці Рейтарської — 5-поверховою. Фасад по всій висоті оформлений рустом і увінчаний, на думку критиків, улюбленим прийомом Каракіса — «фризом-галерейкою з вузьких призматичних стовпчиків, які вишкірюються, немов зуби». На фасаді наявні трапецієподібні балкони, а на розі з Рейтарською — прикрашені колонами лоджії, ще один характерний авторський прийом. У 1967 році 4-поверхова частина будинку вздовж вулиці Золотоворітської була надбудована 5-м поверхом, що спотворило початкову об'ємно-просторову композицію.

This building, commissioned for Kiev Military District (KVO), was the first work by Yosyp Karakis created with the participation of Anatolii Dobrovolskyi, the future chief architect of Kyiv. It is in the style that was distinctive of Karakis, relying for its effect not on an encasing 'decorative shell' but on a dynamic silhouette. The part of the building along Zolotovoritska Street is four storeys high; the part along Reitarska Street, five storeys high. The façade is rusticated to its entire height and is decorated with Karakis's favourite motif – 'a frieze-gallery of narrow prismatic columns that protrude like teeth'. The façade also features trapezoidal balconies and, on the corner with Reitarska, a loggia decorated with columns (another element that is typical of Karakis). In 1967 an additional storey was added to the four-storey part of the building along Zolotovoritska Street, distorting the original spatial composition.

1935

Будинок КВО
House of KVO

`030 C`

Георгіївський провулок, 2
Heorhiivskyi Lane, 2
Йосип Каракіс, Вадим Созанський
Yosyp Karakis, Vadym Sozanskyi
(1934–1936, 1949–1950)

Будинок військового округу початково становив стилістично єдиний ансамбль з будівлею на вулиці Золотоворітській. Композиційно він завершує перспективу вулиці Золотоворітської: по осі вулиці розташований підкреслений порталом проїзд, флankований двома ризалітами з підкресленими однією колоною наріжними лоджіями.

Центральна частина фасаду була прикрашена фризом із вузьких стовпчиків. Ризаліти над основним об'ємом будівлі за проєктом мали бути увінчані скульптурними композиціями. Під час Другої світової війни будівлю було пошкоджено, а наприкінці 1940-х — відбудовано. У процесі реконструкції стиль будинку було змінено — риси постконструктивізму були нівельовані декоративними елементами. Центральна частина фасаду отримує фронтон, на фасаді з'являються декоративні вставки. Крило, що виходило до вулиці Володимирської, набувало вигляду вежі — обшивалося великими плитами й увінчувалося по периметру ажурним бельведером.

1953

Головною домінантою секції стає прикрашена барочними щипцями аркада з наріжними пінаклями і розташована в її центрі вузька вежа зі шпилем, що надає секції загальну висоту 36,05 м. Будівля була естетично вписана в історичний контекст середовища, а її вежа перегукувалась із куполами Софії. Через таку подібність до церковної архітектури вежу було демонтовано майже одразу після будівництва. На її місці було облаштовано додатковий житловий поверх. Цей будинок став унікальним зразком стилістичного редизайну, який попри вдалу історичну стилізацію було майже одразу змінено з політичних міркувань.

1936

This residential building originally formed a stylistically unified ensemble with the building on Zolotovoritska Street. Compositionally, it completes the perspective of Zolotovoritska Street: along the street's axis it has a passage emphasised by a portal, flanked by two risalites with corner loggias, each distinguished by a single column. The central part of the façade was originally decorated with a frieze of narrow columns. Under the original design the risalites above the building's main volume were to be crowned with sculptural compositions. During the Second World War, the building was damaged; it was rebuilt in the late 1940s. In the course of its reconstruction the house's style was changed: its Post-constructivist features were concealed behind decorative elements. The central part of the façade was given a pediment, and decoration appeared on the façade. The wing facing Volodymyrska Street acquired the appearance of a tower: it was clad with large panels and crowned with an openwork belvedere on its perimeter. The main feature of this section is an arcade with corner pinnacles decorated with Baroque pinnacles and a narrow turret with a spire at its centre. This increased the total height of the section to 36.05 metres. The building was aesthetically inscribed into its surrounding historical context, its tower echoing the domes of St. Sophia's Cathedral. This similarity to church architecture led to the tower being dismantled almost immediately after construction. An additional residential storey was built in its place. This house is a unique case of a stylistic redesign which, despite its successful historical stylisation, was almost immediately changed for political reasons.

Будинок КВО
House of KVO

вулиця Інститутська, 15—17
Instytutska Street, 15—17
Йосип Каракіс Yosup Karakis
(1934—1937)

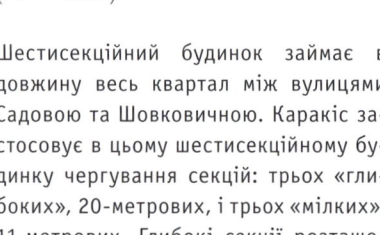

031 F

Шестисекційний будинок займає в довжину весь квартал між вулицями Садовою та Шовковичною. Каракіс застосовує в цьому шестисекційному будинку чергування секцій: трьох «глибоких», 20-метрових, і трьох «мілких», 11-метрових. Глибокі секції розташовуються на кутових ділянках і в центрі кварталу. Мілкі секції розміщені вздовж Садової по червоній лінії вулиці та вздовж Інститутської з відступом від червоної лінії в невеликих курдонерах, що формуються сусідніми глибокими секціями. Це надає будівлі виразного просторового рішення. У центральній секції Каракіс використовує постановку квартир зі зсувом на пів поверху — цей прийом буде повторений у багатьох інших будинках штабу військового округу. Суцільне скління у вигляді складного візерунка рам розміщене у великих порталах по осі центральної та наріжних секцій, створюючи враження сходів, але насправді є склінням квартир. Верх порталів прикрашений фризами, на яких в античному стилі зображені кіннота (кутові секції) та колісниці (центральна секція). Критики назвали таке оформлення асирійським. У 2002—2003 роках будинок був надбудований: центральна секція стала 8-поверховою, решта — 7-поверховою. Як наслідок, було втрачено початкове об'ємно-просторове рішення.

Архітектор Йосип Каракіс: доля і творчість: Альбом-каталог. К., 2002 / Architect Iosif Karakis. Fate and creativity. Catalogue album.-K. 2002.

This six-section building occupies the length of the entire block between Sadova and Shovkovychna streets. Karakis here used two different types of section: three 'deep' ones (20 metres deep) and three 'shallow' ones (11 metres deep). The deep sections are placed at the corners and in the centre of the block. The shallow sections are located along the street edge of Sadova Street and along Institutska, where there are deviations from the street edge in small *cours d'honneur* formed by neighbouring deep sections. This gives the building an expressive spatial composition. In the central part Karakis staggered the apartments using a shift of half a storey – a technique used in many other buildings belonging to this military district. The large portals along the axis of the central and corner sections have continuous glazing with a complex pattern of window frames, creating the impression of a staircase, although in reality these are the windows of apartments. The upper portals are painted with friezes depicting cavalry (the corner sections) and chariots (the central sections) in an antique style. Critics called this design 'Assyrian'. In 2002–2003 the building was extended: the central section became eight-storey; the other sections, seven-storey. The original spatial composition has been lost.

Квартал КВО
Residential quarter of KVO

`032` `F`

вулиця Івана Мазепи, 3
Ivana Mazepy Street, 3
Йосип Каракіс Yosyp Karakis
(1934–1940)

Комплекс будинків на вулиці Мазепи є одним з найбільш грандіозних ансамблів міжвоєнного Києва. Комплекс не лише займає цілий квартал і домінує над Арсенальною площею, а й виходить до схилів Дніпра, куди й орієнтований дворовий корпус, що своїм дугоподібним плануванням повторює криву Дніпровської кручі. Каракіс створює ефектний ієрархічний силует, який завдяки вдалим пропорціям яскраво домінує над Арсенальною площею. Висотна секція будинку, у якій усього 10 поверхів, має переконливий силует висотного будинку. Ефектність силуету досягається саме грою об'ємів, класичні декоративні елементи на фасаді практично не використовуються. Комплекс, хоч і не був побудований повністю, став найбільшим у міжвоєнному Києві за кількістю квартир — їх було споруджено майже 200. Головний корпус уздовж вулиці Івана Мазепи мав бути довшим на кілька секцій. З двох запланованих корпусів, орієнтованих на Дніпро, було збудовано лише один, причому його спорудили без запланованих веж. Нині недоглянутий простір біля схилу мав стати панорамним прогулянковим майданчиком зі сходами, що спускаються до Зеленого театру. В одному комплексі з житловими будинками за проєктом Каракіса було споруджено дитячий садок № 1. Триповерхова будівля була зведена за індивідуальним проєктом. Це був унікальний для Києва випадок проєктування дитячого закладу у формах палацової архітектури.

The KVO complex on Mazepy Street was the largest ensemble built in interwar Kyiv. The complex not only occupies an entire street block and dominates Arsenalna Square but also faces the Dnipro. The courtyard building, which overlooks the river, has an arc-shaped layout following the curve of the edge of the slope. Karakis created a spectacular hierarchical silhouette, whose fine proportions allow it to play a dominant role on Arsenalna Square. The building's tallest section, although only ten storeys high, has the convincing silhouette of a high-rise building. The strong impression it makes is mostly due to its size and proportions; its façade is almost entirely devoid of classic decorative elements. Although never completely realised, the KVO complex has almost 200 apartments, making it the largest such complex in interwar Kiev. The main building on Ivana Mazepy Street was originally intended to have several additional

sections. Of the two buildings originally planned facing the Dnipro, only one was built – and it was built without the planned turrets. The currently neglected space near the slope was conceived as a panoramic promenade with stairs leading down to the Green Theatre. The residential complex also contained Kindergarten no. 1, a three-storey building built to a one-off design project. This is a unique case of a Kyiv children's institution taking the form of a palace.

Будинок ЦК
House of the Central Committee

033 F

вулиця Михайла Грушевського, 9
Mykhaila Hrushevskoho Street, 9
Олексій Бекетов Oleksii Beketov (1935)

1936

5-поверховий житловий будинок на Грушевського, 9 було споруджено для ЦК КП(б)У. Це єдиний будинок, зведений у Києві архітектором-харків'янином Олексієм Бекетовим. Будинок споруджено в стилі постконструктивізму. Тут можна побачити деякі прийоми конструктивізму: заокруглення наріжної частини та суцільне заскленя сходів. Водночас будинок має властиві класицизму декоративні елементи: напівколони, фронтон, карнизи, рустований перший поверх. Витонченість класичних пропорцій створює помилкове враження, що будівля зведена ще в добу Російської імперії. Оригінальний проєкт будинку передбачав інший підхід до декорацій, які мали бути поліхромними та мати елементи червоного, жовтого та синього кольорів. Як наслідок, декорації були виконані з флористичним орнаментом в одному кольорі з рештою тинькування. Будинок Бекетова став одним з найкращих зразків швидкого повернення в архітектуру класичних елементів — у роботах багатьох його колег цей процес відбувався значно поступовіше.

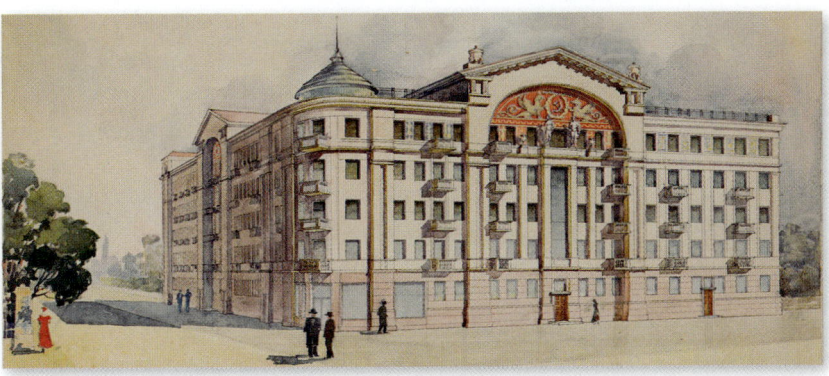

This five-storey residential building at 9 Hrushevsky Street was built for the Central Committee of the CP(b)U. The only house in Kyiv by the Kharkiv architect Oleksii Beketov, it was built in the Post-constructivist style. Constructivist techniques visible here include the rounding of the corner and the continuous glazing of the stairwells. At the same time, the house has decorative elements taken from Neoclassicism: semi-columns, pediments, cornices, and a rusticated ground floor. The elegance of the Neoclassical proportions creates the false impression that the building was erected in the days of the Russian Empire. The original design for this house envisaged a different approach to its decoration, which was to have been polychrome with elements

1936

in red, yellow, and blue. In the end, the decoration was created with a floral ornament in the same colour as the rest of the plasterwork. This house by Beketov is one of the best examples of the rapid return of Neoclassical elements to architecture; in the works of many of his colleagues, this process took place much more gradually.

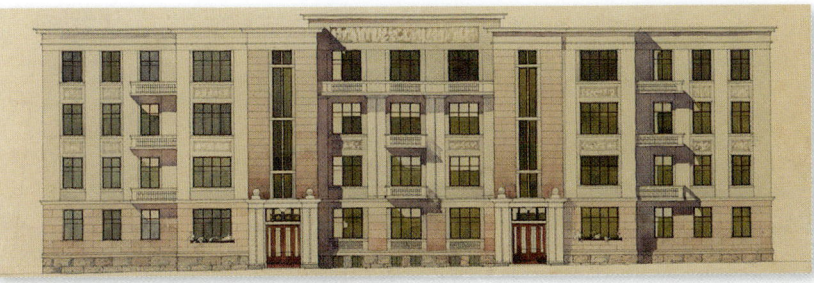

Будинок РНК
House of RNK

вулиця Терещенківська, 5
Tereshchenkivska Street, 5

Сергій Григор'єв Serhii Hryhoriev (1934)

034 C

Двосекційний 4-поверховий будинок створено з помітним впливом конструктивізму: скління сходів майже суцільне і розірване на три нерівні фрагменти вузькими перемичками. На фасаді 24 двостулкові вікна і 20 великих тристулкових. Частина балконів наріжні, що властиво конструктивізму. Водночас будинок має низку рис класичної архітектури: симетричний фасад, центральна частина якого трохи підноситься аттиком, прикрашеним фризом, виконаним скульптором Максом Гельманом. Крім того, під вікнами наявні орнаментальні вставки — прийом, який Григор'єв використовуватиме й надалі. Вхідні групи підкреслені спареними пілястрами та оформлені арками з різко

виділеним замковим каменем. Це був перший у місті будинок харків'янина Сергія Григор'єва, який у 1934 році переселився до Києва. Його офіційно називали «Перший будинок Раднаркому».

This two-section, four-storey residential building for the Council of People's Commissars was created under the conspicuous influence of Constructivism: the glazing of the stairwells is almost continuous, being broken up into three pieces of different sizes by narrow lintels. There are 24 double windows and 20 large triple windows on the façade. Another element of Constructivism is the corner balconies. At the same time, the building has a number of features taken from Neoclassical architecture, including a symmetrical façade whose central part is made slightly taller by an attic decorated with a frieze designed by the sculptor Max Gelman. Additionally, there are ornaments under the windows, a motif that is also to be found in subsequent projects by Hryhoriev. The entrances are emphasised by paired pilasters and arches with emphatic keystones. This was the first house designed in Kyiv by Serhii Hryhoriev, an architect from Kharkiv who moved to the new capital in 1934. Its official name was 'the First House of the Council of People's Commissars'.

Будинок РНК
House of RNK

035 F

вулиця Інститутська, 20/8
Instytutska Street, 20/8
Сергій Григор'єв Serhii Hryhoriev
(1934–1935)

Другий будинок Раднаркому — цікавий випадок, коли можна простежити еволюцію архітектурного стилю в процесі будівництва. За початковим проєктом будинок мав наріжні та радіусні балкони та суцільне скління сходового прольоту. У серпні 1934 року, вже під час будівництва, проєкт було перероблено й збагачено декоративними елементами. Портик вхідної групи в наріжному ризаліті, як і в першому будинку РНК, замінюється рустованою аркою із замковим каменем. Суцільне скління розбивається на фрагменти і завершується аркою на даху, над якою додається скульптурна група, що не була реалізована в натурі. Балкони прикрашаються балюстрадами, а під вікнами з'являються орнаментальні вставки, причому під вікнами 2-го поверху вони набувають вигляду балюстрад.

The second house built for the Council of People's Commissars is interesting for the opportunity it gives us to trace the evolution of architectural style during the process of construction. The initial project featured corner and radial balconies and continuous glazing of the stairwells. In August 1934, after construction had already commenced, the house was redesigned and enriched with decorative elements. The entrance portico planned for the corner risalite was, as in Hryhoriev's building on Tereshchenkivska Street, replaced with an arch with a keystone. The continuous glazing was divided into separate pieces, culminating in an arch in the attic storey, above which a group of sculptures was planned. The balconies are decorated with balustrades, and there is ornamentation under the windows.

Фонди національного заповідника "Софія Київська" /
Archive of St. Sophia Reserve

Будинок РНК
House of RNK

036 **F**

вулиця Шовковична, 21
Shovkovychna Street, 21
Сергій Григор'єв Serhii Hryhoriev
(1934–1935)

Ще один житловий будинок Раднаркому споруджений Григор'євим на ділянці, що до цього займала три садиби. Скориставшись цим простором, Григор'єв організував композицію з 30-метровим курдонером і вмістив одразу чотири секції: дві червоною лінією і дві — в курдонері. Організація секцій у курдонері також нетипова: самі секції орієнтовані перпендикулярно осі вулиці, а за загальної п'ятиповерховості будівлі по осі композиції розташований 6-поверховий об'єм, що зсунутий на пів поверху відносно сусідніх і заглиблений відносно курдонера ще на 6 м, що створює 14-метровий внутрішній курдонер. Зсув квартир на пів поверху вирішує не лише питання організації секцій, а ще є ефектним для силуету — 6-поверховий об'єм у глибині курдонеру візуально домінує над рештою будинку. Перший поверх будинку

підкреслено рустом, а цоколь оформлений під великий необроблений камінь. Фасад будинку оздоблений скромними пілястрами та карнизами, а вікна 6-поверхового об'єму підкреслені аркадами з крихітними вікнами-ілюмінаторами на рівні техповерху. На фасаді відрізняється і тон тиньку: основне поле стіни оформлено темно-сірим кольором, наріжні компоненти і пілястри — світло-сірим, навколо вікон останнього поверху штукатурка червона, а капітелі та карнизи жовті.

Another governmental residential building was designed by Hryhoriev for a plot previously occupied by three large houses and their gardens. Taking advantage of this space, Hryhoriev created a composition with a 30-metre *cour d'honneur* (courtyard). There are four sections: two toe the street edge, while the other two are located in the *cour d'honneur*. The arrangement of the sections in the depths of the *cour d'honneur* is also atypical. These sections are perpendicular to the axis of the street and have five residential

036 F

storeys each, but the block positioned along the composition's axis has a total of six storeys; its storeys are staggered by half a storey relative to its neighbours and are recessed by six metres relative to the main part of the *cour d'honneur*, creating a 14-metre-wide second courtyard. Staggering the apartments by half a storey not only solves the problem of how to organise the sections, but also creates a distinctive silhouette: the six-storey volume in the depths of the *cour d'honneur* visually dominates the rest of the

building. The ground floor of this block is emphasised by rustication, and the basement is faced with large blocks of rough stone. Its façade is decorated with modest pilasters and cornices, and the windows of the six-storey volume are emphasised by arcades with tiny porthole windows at the attic level. The façade plasterwork varies in colour: the main part of the wall is dark grey; the corner elements and pilasters are light grey; the plasterwork around the windows of the top floor is red; and the capitals and cornices are yellow.

Будинок станкобудівного заводу
House of the machine tool factory
проспект Перемоги, 73/1
Peremohy Avenue, 73/1
Ісаак Неймарк Isaac Neimark
(1936–1938)

037 B

П'ятиповерховий житловий будинок має Г-подібну форму: три його секції розташовані вздовж проспекту Перемоги, а дві коротші — уздовж перпендикулярної до проспекту вулиці Кулібіна. Секції вздовж проспекту Перемоги вирішено у вигляді симетричної композиції: вхідні групи бічних секцій акцентовані відступом углиб фасаду. Будинок має триярусне горизонтальне членування: 1-й поверх вирішений як цоколь, вікна 2-го прикрашені лиштвами і завершені сандриками, вікна 3-го і 4-го поверхів полегшені і позбавлені будь-яких декорацій, а вікна 5-го поверху, як аттика, підкреслені рядом вузьких вертикальних лопаток. Будинок завершується масивним карнизом із виразною балюстрадою. Будинок заводу є нехарактерним зразком 5-поверхового будівництва на тодішній міській периферії. Решта будинків заводського селища були двоповерховими і значно простішими в дизайні. Але розташування будинку на важливій магістралі підвищувало його значущість у просторі. У 1938 році завод «Червоний екскаватор» планував спорудити поруч віддзеркалену копію будинку, щоб разом вони утворювали єдиний архітектурний ансамбль. Зрештою будинок буде споруджено вже після Другої світової війни і за іншим проєктом.

This five-storey residential building has an L shape. Three of its sections stand on Peremohy Avenue; its two shorter sections are on Kulibina Street, perpendicular to the avenue. The sections along Peremohy Avenue form a symmetrical composition: the entrances of the side sections are accentuated by deep recesses in the façade. This building has a three-tier horizontal division: the ground floor takes the form of a socle; the windows of the second floor are decorated with mouldings and topped with cornices; the windows of the third and fourth floors are lighter and devoid of any decoration; and the windows of the fifth floor are emphasised by a row of narrow vertical strips. The house culminates in a massive cornice and an expressive balustrade. This factory house was for its time an unusual example of a five-storey building on the outskirts of the city. The other houses on the estate built for the factory's workers were two-storey and much simpler in design. This house's location on an important highway, of course, increased its significance. In 1938 the Red Excavator Factory planned to build a mirror copy of this house on the adjacent site; together, they would have formed a coherent architectural ensemble. However, when it was finally built after the Second World War, this new house was of a different design.

Будинок депо ім. Андреєва
House of workers of the Andreiev Depot

038 C

вулиця Симона Петлюри, 7–9
Symona Petliury Street, 7–9
Соломон Венгеровський
Solomon Venherovskyi (1934–1936)

Кооперативний будинок робітників депо є одним з найцікавіших представників київського ар-деко. Будинок складається з чотирьох секцій і має зовсім не характерне зниження поверховості в центрі: центральна частина будинку має чотири поверхи, а бічні — п'ять. Другою особливістю будинку є оформлення суцільного скління сходів, виконане з вертикальними та горизонтальними членуваннями, що нівелює ефект суцільного вертикального об'єму. Фасад 4-поверхових секцій на рівні 2–3 поверхів прикрашений трапецієподібними еркерами, обабіч яких наявні унікальні двоярусні колони, у яких перший ярус має бази тосканського ордеру та авторські капітелі на основі значно переробленого коринфського. Капітелі колон першого ярусу є базами для другого ярусу, стовпи якого мають перспективне профілювання і поступово переходять у кронштейни балконів 4-го поверху. На рівні 4–5-го поверхів фасад розшитий цікавим геометричним візерунком з використанням декоративних вставок, великих та дрібних квадратних форм, причому дрібні квадрати здалеку сприймаються як заклепки, що з'єднують блоки великих квадратів. По краях фасаду візерунок набуває вигляду рустування, зокрема і на стовпах терас 5-го поверху.

The four-section cooperative house for workers of the Andreiev Depot is one of the most interesting examples of Art Deco in Kyiv. Highly unusually, there is a drop in the number of storeys in its central part, which has four floors, while the flanking sections have five. The second distinctive feature is the design of the continuous glazing of the stairwells; because this has both vertical and horizontal divisions, the impression of a continuous vertical volume is disrupted. The façade of the four-storey sections is decorated at the level of the second and third floors with trapezoidal bay windows, on both sides of which are unique two-tier columns. The first tier has bases of the Tuscan order and capitals of a unique design based on a much-modified Corinthian order. The capitals of the first-tier columns are the bases for the second tier, whose columns are of varying thickness and gradually transition into the brackets supporting the fourth-floor balconies. At the level of the fourth and fifth floors, the façade is embroidered with an interesting geometric pattern of large and small square shapes. From a distance, the small squares seem to be rivets connecting the blocks formed by the large squares. Along the edges of the façade, the pattern takes on the appearance of rustication – in particular, on the pillars of the fifth-floor terraces.

Будинок заводу «Транссигнал»
House of the Transsignal Factory

039 C

вулиця Симона Петлюри, 3
Symona Petliury Street, 3
Олекса Тацій Oleksa Tatsii
(1934–1936)

Наріжний будинок «Транссигналу» є ще одним зразком київського ар-деко. Найважливішим елементом геометрії будинку стає квадрат. У вигляді квадрата вирішений головний фасад і численні портали, що виходить на вулицю Симона Петлюри, квадратну форму мають вікна, і навіть розшивка тинькованого фасаду виконана у вигляді безлічі маленьких квадратів, що надає полю стіни рельєф шоколадної плитки. Перший поверх головного фасаду оформлений як цоколь і складається з ряду рустованих вертикальних стовпів з капітелями, у проміжках між якими вузькі одностулкові вікна. Вікна 5-го поверху мають квадратну форму, відрізняються рядністю і набагато більші за попередні. Фасад секцій потинькований і розшитий під руст складного геометричного візерунка з великими

The corner building of the Transsignal Factory is another example of Art Deco in Kyiv. The most important element in the geometry of this house is the square. The main façade and the numerous portals facing Symona Petliury Street are square; the windows have a square shape; and even the pattern of the plastered façade is in the form of a multitude of small squares, giving the surface of the wall a relief like a bar of chocolate. The first floor of the main façade takes the form of a socle and consists of a row of rusticated vertical columns with capitals, in the spaces between which are narrow single-pane windows. The windows of the fifth floor are square and are differently spaced and much larger than the windows on the floors below. The façades of the sections are plastered and decorated with a complex geometric pattern of large squares. They are crowned with a balustrade of flat, low pillars with a square section. The entrances here reproduce the entrance of the façade overlooking Symona Petliury Street. One of the sections of the house has retained its original entrance door. This has pieces of glass that are also square in shape. The initial design project included a sculpture in a corner niche above the basement floor. The sculpture itself was never installed, but a bracket to support it was created and is still visible in the empty niche above the basement.

квадратами. Його вінчає балюстрада із плоских та низьких стовпів квадратного перерізу. Особливої уваги заслуговують вхідні групи, що повторюють групу фасаду, який виходить на вулицю Симона Петлюри. В одній із секцій будинку збереглися автентичні вхідні двері, скляні вставки в яких також мають форму квадрата. Початковий проєкт передбачав наявність скульптури в кутовій ніші над цокольним поверхом. Статуя, усупереч проєкту, не була встановлена, але кріплення для статуї було виведено і досі помітно в порожній ніші над цокольним поверхом.

1935

Будинок ВУКСУ
House of VUKSU

040 C

вулиця Обсерваторна, 8, 10, 12
Observatorna Street, 8, 10, 12
Лев Киселевич, О. Ставракі,
Мельникова Lev Kyselevych,
O. Stavraki, Melnykova (1934–1936),
Василь Осьмак Vasyl Osmak
(1938 остання секція last section)

Будинок Всеукраїнського комітету сприяння ученим (ВУКСУ) був запроєктований трифасадним. Найдовший фасад протяжністю понад 100 м був орієнтований уздовж вулиці Обсерваторної. Найбільш урочистий фасад завдовжки 37 м був орієнтований на перетин Обсерваторної та Володимира

Винниченка, а третій — розташовувався під невеликим кутом до невтіленого продовження вулиці Володимира Винниченка, а зараз орієнтований у внутрішньоквартальний простір. Як наслідок, фасад уздовж Обсерваторної буде укорочено вдвічі. Шестиповерховий будинок мав триярусне горизонтальне членування: перші два поверхи рустовані, а верхній поверх відокремлений горизонталлю карнизів. Напівпідвальний цоколь та рами проїзної арки та вхідних груп оформлялися штучним каменем. Зважаючи на довжину фасаду, автори вирішили урізноманітнити стіну введенням двох типів секцій. Над 5-им поверхом на масивних кронштейнах виступала консоль, де розташовувався ряд лоджій 6-го поверху. Частина планів не була втілена: перший поверх наріжної секції планувався з півколонами, а на пілонах були заплановані статуї. Третя черга будівництва (№ 8), збудована у 1938 році, має дві секції, що суттєво відрізняються від решти. Їх запроєктував архітектор Василь Осьмак. Тут значно менше рис постконструктивізму і значно більше класичних елементів.

The All-Ukrainian Committee for Assistance to Academics (VUKSU) building has three façades. The longest façade (more than 100 metres long) faces Observatorna Street. The most imposing façade, 37 metres long, overlooks the intersection of Observatorna and Volodymyr Vinnichenko streets. And the third façade, which originally

stood at a slight angle to the continuation of Volodymyr Vinnichenko Street, now looks out onto the space inside the street block. The result was that the façade along Observatorna Street was shortened by half. The six-storey building has a three-level horizontal articulation: the first two storeys are rusticated, while the top storey is separated from those below it by an emphatic cornice. The semi-basement socle and the frames around the archway and the entrances are decorated with artificial stone. In view of the façade's length, the architects decided to introduce diversity into the wall surface by employing two types of section. Above the fifth storey massive brackets hold a protruding console supporting the loggias of the sixth storey. Some of the original plans were not implemented: the ground floor of the corner section was to have had half-columns, and the pylons were to have been topped by statues. The third stage of construction (no. 8), built in 1938 and designed by the architect Vasyl Osmak, has two sections that differ considerably from the rest. Here there are significantly fewer features of Post-constructivism and significantly more Neoclassical elements.

Будинок ДВРЗ
House of DVRZ

вулиця Алматинська, 115
Almatynska Street, 115
Борис Пріцкер Borys Pritzker (1939)

041 A

Будинок є одним з найбільш урочистих будинків на ДВРЗ. Він має властивий почерку архітектора Пріцкера атиковий поверх, оформлений у вигляді підкарнизного фриза, який цитує будинки на Алматинській, 99 і 103. На розшитому під камінь фасаді наявні еркери та балкони. Центральна частина фасаду на 2–3-му поверхах оформлена еркером завширшки в три віконні ряди. Ще два менші еркери розташовані ближче до краю фасаду. Над частиною вікон 4-го поверху є сандрики. Будинок № 115 унікальний тим, що, хоч і постраждав під час Другої світової війни, повністю зберіг свій довоєнний вигляд і єдиний на ДВРЗ зберіг підкарнизні фризи Пріцкера. Починаючи з 1980-х будинок стоїть без покрівлі та перекриттів і руйнується.

This building is one of the most imposing built for the Darnytsia Coach-Repairs Factory (DVRZ). Its attic storey is typical of the work of the architect Borys Pritzker and takes the form of a cornice frieze, an allusion to the houses at 99 and 103 Almatynska Street. There are

1939

bay windows and balconies on the carved stone façade. The central part of the façade on the second and third floors is decorated with a bay window that is three windows wide. Two smaller bay windows are located closer to the edges of the façade. There are head mouldings above some of the windows of the fourth storey. House no. 115 is unique because despite being damaged during the Second World War, it has entirely retained its pre-war appearance and is the only house on the DVRZ housing estate still to have Pritzker's cornice frieze.

Національний музей історії України
National Museum of the History of Ukraine

вулиця Володимирська, 2
Volodymyrska Street, 2
Йосип Каракіс Yosyp Karakis
(1936–1937)

042 C

Будівля була запроєктована для художньої школи, яка початково планувалася на вулиці Богдана Хмельницького, але ділянку було змінено. Школа була розрахована на 280 учнів і мала поєднувати звичайну десятирічну освіту зі спеціалізованою художньою. Будівля була запроєктована чотириповерховою із п'ятиповерховою центральною частиною.

Планування дещо відрізнялося від звичайних шкіл. Основне ядро внутрішніх приміщень складалося з 20 великих майстерень, розміщених і орієнтованих відповідно до характеру занять, що проводяться в них. Кожна майстерня була розрахована на 12–14 дітей. Частина майстерень мала верхнє природне світло. Іншою особливістю стала збільшена проти звичайної середньої школи кількість умивальників — художникам частіше потрібна вода. Проєкт передбачав кольорові фризи на головному фасаді, а також на фасаді, зверненому до Подолу. Головний фасад мали увінчувати чотири скульптури. Ще 8 статуй мали бути на оберненій до Подолу апсиді. Усе це не було реалізовано. Будівля художньої

Архитектор Иосиф Каракіс: доля і творчість: Альбом-каталог. К., 2002 / Architect Iosif Karakis. Fate and creativity. Catalogue album.–K., 2002.

1958

школи — зразок індивідуального під-
ходу до шкільного будівництва, яке в
1930-х переважно було типовим. Зараз
у споруді міститься Національний музей
історії України.

The National Museum of the History
of Ukraine building was initially de-
signed for use as an art school. It was
originally to have been built on Bohdana
Khmelnytskoho Street. Conceived as a
four-storey building with a five-storey
central part, the school was to have com-
bined the standard ten-year Soviet school
course with a specialised education in art.
The main core of the interior space con-
sisted of 20 large workshops, located and
oriented according to the nature of the
classes held in them. Each workshop was
designed for 12–14 children. Some had
skylights providing natural light. Another
feature was the larger number of wash-
rooms relative to a regular high school:
artists have a greater need for water. The
design included coloured friezes on the
main façade and that overlooking Podil.
Four sculptures were to have crowned the
main façade, and there were to have been
another eight statues on the apse look-
ing towards Podil. None of this was imple-
mented. The art school building is an ex-
ample of a one-off approach to designing
schools, a field that in the 1930s was dom-
inated by standard designs. This building
currently houses the National Museum of
the History of Ukraine.

Архітектор Иосиф Каракіс: доля і творчість:
Альбом-каталог. К., 2002 / Architect Iosif Karakis. Fate
and creativity. Catalogue album.–К. 2002.

Центральний універмаг (ЦУМ)

Central Department Store (TSUM)

043 C

вулиця Хрещатик, 38
Khreshchatyk Street, 38
Данило Фрідман, Леонід Мецоян Danylo Fridman, Leonid Metsoian (1936–1940),
Олександр Малиновський, Олександр Власов, Олексій Заваров Oleksandr Malynovskyi, Oleksandr Vlasov, Oleksii Zavarov (1952–1958 розширення extension)

Будівництво київського ЦУМу розпочалося з безпрецедентної події — демонтажу майже готової споруди, яку будували для державних установ. Будівлю з рисами конструктивізму було вирішено реконструювати під універмаг. Масивна будівля мала риси архітектури ар-деко. Головний фасад мав величезні вікна вітрин, важкий вертикальний ритм і скошену наріжну частину, з каскадним завершенням. Верхні поверхи, що формують антаблемент, були складськими. Загальний силует будівлі був акцентований вертикальними ліхтарями на кутах центральної вежі. Початково проєкт був втілений не повністю — сусідню споруду друкарні, на місці якої мала постати права частина універсаму, демонтувати відмовились. Розширення ЦУМу відбулося вже після Другої світової війни. Реконструйований будинок архітектурно перегукувався з новостворюваним ансамблем нового Хрещатика. Він зберігав більшу частину елементів фасаду і повторював їх у частині фрагмента, що прибудовується. Реконструйовано був лише аттик, у якому було створено два ряди маленьких

1938

вікон. У 2010-х роках відбулася реконструкція будівлі, внаслідок якої від неї залишилися лише фасадні стіни. Були повернуті декоративні ліхтарі, що існували до 1958–1960 років. Водночас оригінальний інтер'єр, включно з монументальними мармуровими сходами з балюстрадами, був знищений.

The construction of TSUM (the Central Department Store) began with an unprecedented event – the dismantling of an almost finished building that had been designed in the Constructivist style as a home for state institutions. The massive new building of the department store acquired features taken from Art Deco architecture. Its main façade has vast storefront windows, a heavy vertical rhythm, and an oblique corner section with a stepped top. The top storey in the entablature originally contained storage space. The building's outline was accentuated by vertical lanterns at the corners of the central tower. Initially, the project was not implemented in full: permission to demolish the neighbouring printing house building, which was to have contained the righthand part of the department store, was withheld. The printing house was destroyed, however, in the Second World War, allowing the department store to be expanded. The

1940

reconstructed building made a good stylistic fit with the newly created ensemble on Khreschatyk. It retained most of the façade's original elements, which it repeated in the new extension. The attic storey was altered to accommodate the addition of two rows of small windows. In the 2010s the TSUM building was again reconstructed, this time preserving only the façades. The decorative lanterns that had existed until 1958–1960 were returned. The original interior, including the monumental marble staircase with its balustrades, was destroyed.

1925–1933
1934–1941
1945–1958
1959–1991
1992–2023

Майдан Незалежності, 2020 рік
Maidan Nezalezhnosti, 2020

1958

Перший будинок нового Хрещатика
The first house on the new Khreschatyk

044 C

Вулиця Хрещатик, 13, 15 і 17
Khreschatyk Street, 13, 15, and 17
Олександр Власов, Анатолій Добровольський, Борис Приймак
Oleksandr Vlasov, Anatolii Dobrovolskyi, Borys Pryimak (1951)

7–8-поверховий ансамбль став першим на Хрещатику, який було побудовано після Другої світової війни. Він складається з трьох будинків — № 13/2 з 8-поверховою секцією з вежею і шпилем, схожого за дизайном будинку № 17 і розташованого в глибині будинку № 15 — Пасажу. Споруджений ще 1914 року Пасаж нарешті отримав повноцінний вихід на вулицю Хрещатик, оформлений у вигляді монументальної арки, прикрашеної декоративною керамікою та статуями, що зникли 1998 року. Арка Пасажу має висоту 16,5 м і є найвищою в Києві аркою з житловими поверхами. Будинок став першим зразком нового урочистого стилю Хрещатика. Його дах вкритий черепицею, фасад обкладено декоративною керамічною плиткою.

В оформленні будинку є барокові елементи. Суцільне використання на фасаді декоративної плитки одного малюнка створює враження певної одноманітності — у майбутніх будинках Хрещатика цей прийом буде змінений. Наріжна вежа мала отримати симетричну відповідь на будинку на Хрещатику, 11, але через боротьбу з надмірностями в архітектурі цього не відбулося.

This seven-to-eight-storey ensemble was the first to be built on Khreschatyk after the Second World War. It consists of three buildings: no. 13 / 2 with an eight-storey section with a tower and a spire; no. 17, which is similar in design; and no. 15, the Passage, which is located in the depths of this site. The construction of the ensemble finally gave the Passage, originally erected in 1914, a proper entrance from Khreshchatyk in the form of a monumental arch decorated with statues (which disappeared in 1998). At 16.5 metres high, the Passage arch is the tallest residential arch in Kyiv. This building was the first example of Khreschatyk's new style of imposing grandeur. It has a tiled roof and a façade clad with decorative ceramic tiles. Baroque elements are present in the design. The continuous use of decorative tiles of the same pattern on the façade creates the impression of a certain uniformity; in subsequent houses on Khreschatyk a different approach was taken. The corner tower was originally conceived as a symmetrical response to the house at 11 Khreschatyk, but, due to the campaign against superfluity in architecture, this design was not implemented.

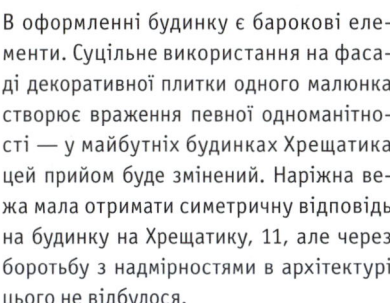

Міністерство енергетики і вугільної промисловості
Ministry of the Energy and Coal Industry

045 C

вулиця Хрещатик, 30
Khreshchatyk Street, 30
Олександр Власов, Олексій Заваров Oleksandr Vlasov, Oleksii Zavarov (1952)

Споруда міністерства енергетики і вугільної промисловості — перша нова адміністративна споруда на повоєнному Хрещатику. Споруда початково будувалась для міністерства лісового господарства, що відображено в гербовій композиції. Фасад будинку багато прикрашений декоративною керамікою, що перегукується з оформленням будинків № 13–17 на протилежній стороні вулиці. 5-поверхова споруда має спільну синю лінію із сусіднім будинком № 32, що вцілів під час війни. Початково навпроти мала бути споруджена дзеркально відображена будівля цього ж проєкту, але зрештою синя лінія нового Хрещатика була підвищена до 7–8 поверхів. На початку 1950-х розроблялись проєкти надбудови будинків № 30 і 32 до 7 поверхів, але вони не були втілені.

The Ministry of Energy and Coal Industry building was the first new administrative building erected on Khreschatyk after the war. It was originally built for the Ministry of Forestry, as can still be seen from the coat of arms in the centre of its façade. The façade is richly decorated with ceramics, echoing the decoration of buildings nos. 13–17 on the opposite side of the street. This five-storey building is of the same height as its neighbour, no. 32, which survived the war. Initially, a mirror copy of this design was to have been built opposite, but the prescribed building height (the 'blue line') for the new Khreschatyk was raised to seven to eight storeys. In the early 1950s proposals were drawn up to extend buildings nos. 30 and 32 upwards to the blue line of seven storeys, but these were never implemented.

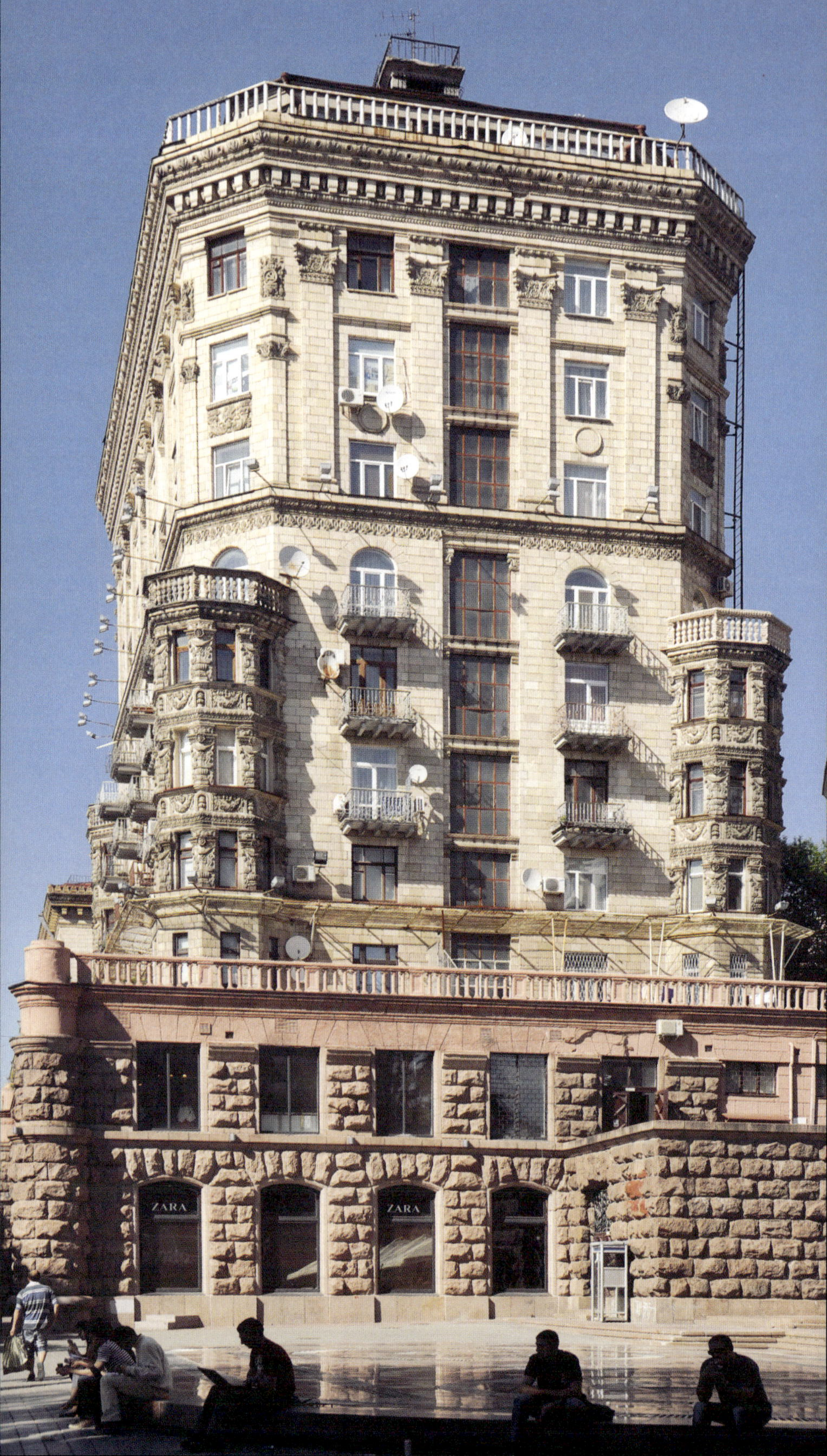
ZARA
ZARA

**Перші 10-поверхівки
повоєнного Києва**
First 10-storey buildings in
post-war Kyiv
Вулиця Хрещатик, 23 і 27
Khreshchatyk Street, 23 and 27
Олександр Власов, Олександр
Малиновський Oleksandr Vlasov,
Oleksandr Malynovskyi (1952–1953)

046 C

На момент їх спорудження ці 10-поверхові вежі були найвищими будинками Києва. Також це були перші в Києві будинки з двома ліфтами в секції. Фасад будинків багато декорований керамікою, а перші поверхи заковані в граніт. Магазини нижніх поверхів зберегли цінне чавунне литво решіток. Стилобатна частина будинків була прикрашена скульптурами, які демонтували

1952

наприкінці 1990-х — на початку 2000-х. За оригінальним проєктом будинки мали бути оздоблені поліхромною черепицею, замість якої отримали звичайну металеву покрівлю. Два вежоподібні 10-поверхові будинки на Хрещатику виконують роль пропілей у ансамблі будинку № 25. Попри ефектний вигляд будинки з вежами мають не дуже зручні планування — у багатьох квартирах воно одностороннє.

At the time of their construction, these ten-storey towers were the tallest buildings in Kyiv. They were also the first buildings in Kyiv to have two elevators in each section. Their façades are richly decorated with ceramics, and their ground floors are clad in granite. The shops on the ground floors have retained their valuable cast-iron gratings. The houses' stylobates were embellished with sculptures, which were removed in the late 1990s and early 2000s. Under the original project, the houses were to have been roofed with polychromatic tiles; instead, they were given ordinary metal roofs. These two 10-storey, tower-like buildings on Khreshchatyk function as propylaea for the ensemble of building no. 25. Despite their spectacular appearance, they have interiors which are relatively poorly planned: many of the apartments are single-aspect.

Philipp Meuser

Будинок із зіркою
House with a Star
Вулиця Хрещатик, 25
Khreschatyk Street, 25
Анатолій Добровольський,
Олександр Малиновський,
Петро Петрушенко Anatolii
Dobrovolskyi, Oleksandr Malynovskyi,
Petro Petrushenko (1954)

047 C

14-поверховий «Будинок із зіркою» — ключовий елемент ансамблю Хрещатика, розміщений навпроти осі вулиці Богдана Хмельницького. Його розташовано на схилі трохи вище самої вулиці, що візуально додає йому висоти і створює перед будинком простір для урочистих сходів. Задля його будівництва було зруйновано споруджений в 1930-х роках житловий будинок на вулиці Лютеранській. Будинок має характерну для сталінських висотних будинків ступінчасту структуру: дві бокові секції мають 8–9 поверхів, центральна секція має 13 поверхів з боку головного фасаду і 14 з боку дворового. Будинок увінчено вежею зі шпилем, причому вигляд вежі було переробле-но в процесі будівництва. Фасад також має декоративні елементи — колони, арки та композиції з керамічної плит-ки. «Будинок із зіркою» висотою 71,4 м є найвищим будинком Києва сталінської доби. з 1954 по 1973 роки був найвищим будинком Києва. Також він є одним з найкращих зразків ансамблево-го містобудування у Києві.

The 14-storey 'House with a Star' is a key element in the ensemble of Khreschatyk, being located opposite the axis of Bohdana Khmelnytskoho Street. The house stands on a slope slightly above the street itself; this contributes to the building's impression of height and creates space for a magnificent staircase in front of it. To make way for no. 25, a residential building erected in the 1930s on Luteranska Street had to be demolished. No. 25 has a stepped structure that is typical of Stalinist high-rise buildings: the two side sections have eight to nine floors, while the central section has 13 floors on its main façade and 14 floors on the side overlooking the courtyard. Crowning the building is a tower topped by a spire; the tower's design was modified during the construction process. The decorative elements on the façade include columns, arches, and patterns of ceramic tiles. At 71.4 metres high, the House with a Star was the tallest building in Kyiv during the Stalin era. It retained this status until 1973. It is also one of the best examples of ensemble-based urban planning in Kyiv.

Київська міська рада
Kyiv City Council

048 **C**

вулиця Хрещатик, 36
Khreshchatyk Street, 36

Олександр Власов, Олексій Заваров,
Олександр Малиновський
Oleksandr Vlasov, Oleksii Zavarov,
Oleksandr Malinovskyi (1957)

Під час конкурсу відбудови Хрещатика будівлю Київської міської ради багато хто пропонував побудувати на сучасному майдані Незалежності. Проте за проєктом Олександра Власова було обране інше місце — навпроти вулиці Лютеранської. Проєкт міської ради декілька разів перероблювався. У проєктах кінця 1940-х споруду мала прикрашати 117-метрова вежа, пізніше — портик з фронтоном, в результаті 10-поверхова будівля була споруджена дещо лаконічнішою, але відповідно до стилю решти вулиці. Фасад споруди обличковано керамічною плиткою. Обабіч будинку було зведено дві декоровані керамікою 12-метрові арки, одні з найвищих у Києві. Будівля Київської міської ради була однією з останніх будівель сталінської архітектури в Києві, що не зазнали спрощень в оздобленні, хоча були завершені вже після початку боротьби з надмірностями в архітектурі.

During the design competition for reconstruction of Khreshchatyk it was suggested by many participants that the Kyiv City Council building should stand on what is now Independence Square. However, following the proposal by Oleksandr Vlasov, a different site was chosen – opposite Luteranska Street. The design for the city council building was revised several times. Projects dating to the late 1940s gave the building a 117-metre tower; later proposals envisaged a portico with a pediment. In the end, however, this 10-storey building was erected in a more restrained style, in keeping with the rest of the street. Its façade is clad with ceramic tiles. Two 12-metre-high arches, decorated with ceramics, erected on either side of the building, are some of the tallest in Kyiv. The Kyiv City Council building was one of the last examples of Stalinist architecture in Kyiv not to have undergone simplification of its decoration, even though it was completed after the campaign against superfluity in architecture had already begun.

Готель «Україна»
Hotel Ukraine

049 F

вулиця Інститутська, 4
Instytutska Street, 4
Анатолій Добровольський,
Авраам Мілецький, Вадим Созанський,
Борис Приймак, Анатолій Косенко
Anatolii Dobrovolskyi, Avraam Miletskyi,
Vadym Sozanskyi, Borys Pryimak,
Anatolii Kosenko (1961)

Висотна споруда готелю на місці коли-
шнього «хмарочосу Гінзбурга» починає
з'являтись на макетах Хрещатика з 1949
року. Місце розташування визначає
роль споруди як головного висотного

акценту всього ансамблю Хрещатика.
Готель проєктується як ступінчас-
тий висотний будинок з вежею і шпи-
лем загальною висотою понад 120 м.
Розробляється багато варіантів про-
єкту, але фактичне будівництво розпо-
чинається 1955 року. Через боротьбу
з надмірностями в архітектурі проєкт
кілька разів спрощується: у 1955 році
прибирають декоративну вежу зі шпи-
лем, у 1956 році — решту декорацій
фасаду, а 1957 року — поліхромну че-
репицю на даху. Як наслідок, головна
домінанта центральної вулиці спору-
джується в спрощеному вигляді і вида-
ється незавершеною, псуючи загальне

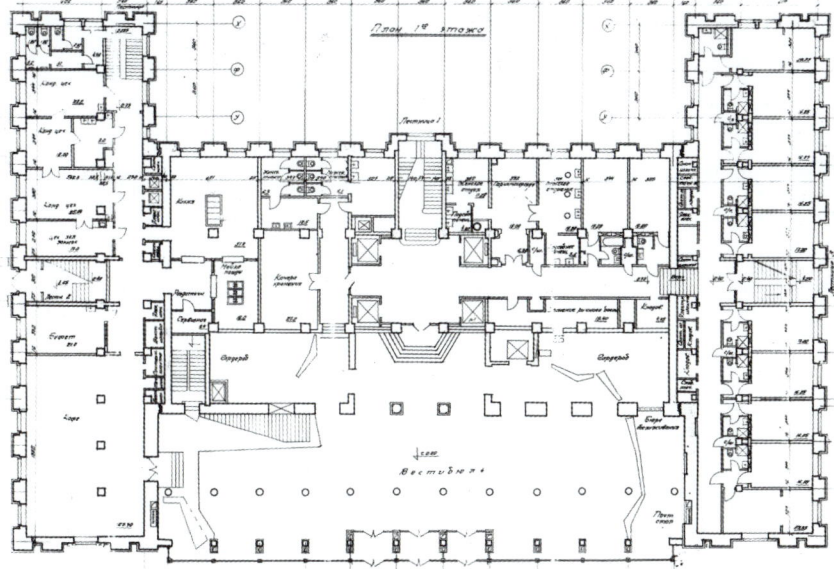

враження від ансамблю. Починаючи з 1980-х обговорюються варіанти її надбудови за оригінальним проєктом, проте вони досі не мають результату.

This high-rise hotel building on the site of the former 'Ginzburg skyscraper' first made its appearance on site layouts for Khreshchatyk in 1949. Its location determined the building's role as the principal vertical emphasis in the entire Khreshchatyk ensemble. The hotel takes the form of a stepped high-rise building with a tower and spire reaching an overall height of more than 120 metres. Many variants of the design project were developed, but construction only began in 1955. Due to the campaign against superfluity in architecture, the project was simplified several times: in 1955 the decorative tower and spire were removed; in 1956, the rest of the façade decoration; and in 1957, the polychromatic tiles on the roof. As a result, the principal landmark on Kyiv's central street has a simplified form and looks incomplete, spoiling the overall impression made by the ensemble. From the 1980s forwards, various options for the building's completion to the original project have been discussed; none have been realised.

Перша 11-поверхівка повоєнного Києва
050 E

The first 11-storey building in post-war Kyiv

Кловський узвіз, 17
Klovskyi Uzviz, 17
Симон Шпільт Symon Shpilt (1953)

11-поверховий житловий будинок має ступінчасту структуру, що композиційно властиво висотним будинкам сталінської доби. Фасад споруди багато прикрашений керамікою. Висотна композиція будинку підкреслена також і рельєфом — від будинку до вулиці спускаються монументальні сходи з декоративними вазами. Це був один із перших будинків у Києві з двома ліфтами в секції. Підлога ліфтових коридорів нехарактерно для Києва вистелена паркетом. Будинок мав

бути ще вищим — в оригінальному проєкті його мала завершувати декоративна невелика вежа, яку не було втілено. Проте навіть без неї протягом 1953 року це був найвищий будинок Києва, а його висотний силует домінував у навколишньому просторі понад половину століття, поки поруч не було зведено 47-поверховий будинок.

This 11-storey residential building has a stepped structure which is compositionally characteristic of high-rise buildings of the Stalin era. Its façade is richly decorated with ceramics. The high-rise composition is also reinforced by the terrain in this spot, which has been exploited by a monumental staircase embellished with decorative vases descending from the building to the street. This was one of the first buildings in Kyiv to have two elevators in each section. The corridors of the elevator halls have parquet flooring, a choice which is unusual for Kyiv. The house was intended to have been even taller: the original project topped it with a decorative small tower, but this was not implemented. Even without the tower, however, this was the tallest building in Kyiv in 1953, and its silhouette dominated its neighbourhood for more than half a century until a 47-storey building was built next to it.

Будинок МВС
House of the Ministry of
Internal Affairs
вулиця
Круглоуніверситетська, 13
Kruhlouniversytetska Street, 13
Вадим Жога Vadym Zhoha (1953)

`051` `F`

будинок планувався 8-поверховим, а вежа зі шпилем мали бути значно вищими. Споруджений будинок має інші пропорції і приземкуватішу вежу, через що його висотний силует видається менш виразним. Попри це будинок МВС є одним з найвдаліших випадків використання київського рельєфу у висотній архітектурній композиції.

6-поверховий житловий будинок МВС займає вигідне положення на краю схилу і добре проглядається здалека. Його наріжна секція має 9 поверхів і увінчена декоративною вежею. Фасад будинку обличкований штучним каменем, керамічною плиткою, декоративними вставками та цеглою різних кольорів. Через таке розмаїття декорацій будинок сильно критикуватимуть у 1955 році. у початковому проєкті 1950 року

The six-storey residential building of the Ministry of Internal Affairs occupies an attractive site on the edge of a slope and is clearly visible from afar. Its corner section has nine storeys and is topped with a decorative turret. The house's façade is clad with artificial stone, ceramic tiles, decorative inserts, and bricks in a variety of colours. This abundance of varied decoration was the reason why the house was heavily criticised in 1955. Under the initial project of 1950 the building was to have had eight storeys, and the tower with its spire would have been much taller. As built, the house has different proportions and a smaller tower, which makes its tall silhouette appear less expressive. Despite this, the Ministry of Internal Affairs building is one of the most successful cases of exploitation of the city's terrain in a high-rise architectural composition.

1955

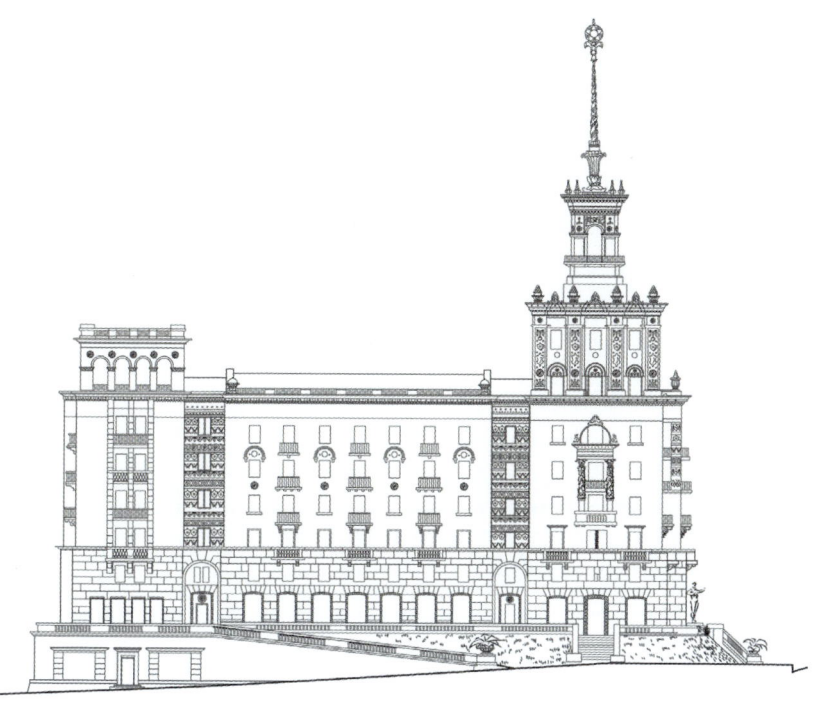

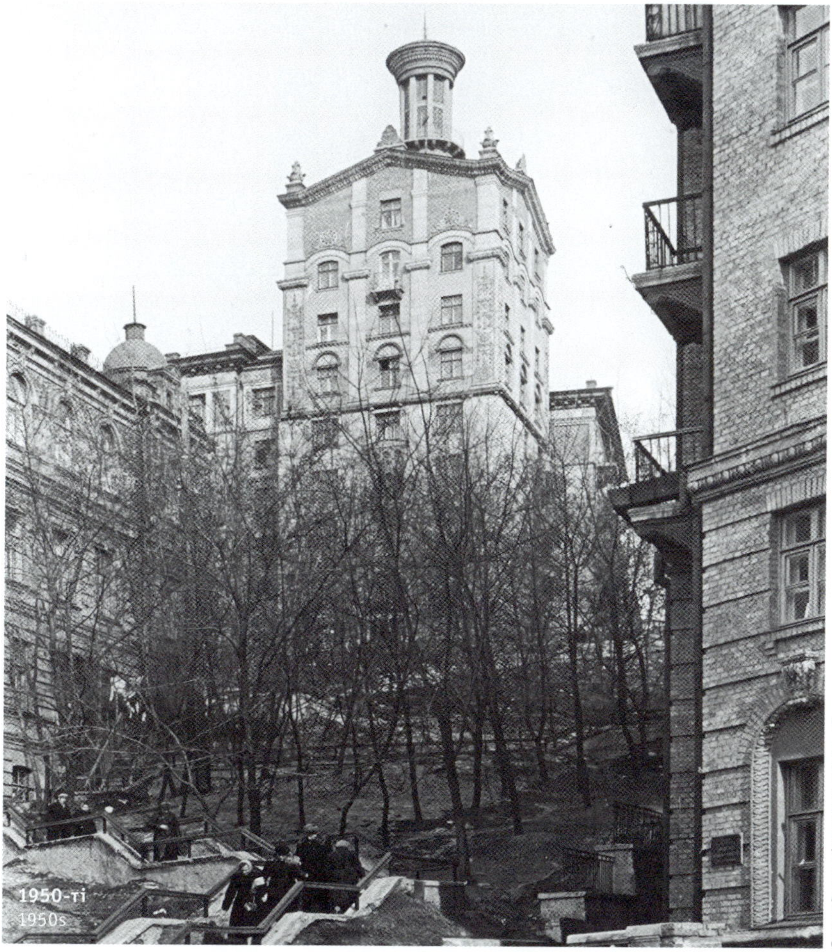
1950-ті
1950s

Борис Ведерніков / Borys Vedernikov

1956

Перший панельний будинок Києва

The first panel house in Kyiv

052 D

Вулиця Велика Васильківська, 16
Velyka Vasylkivska Street, 16
В. Конопацький, Віктор Єлізаров,
М. Єпіфанович V. Konopatskyi,
Viktor Yelizarov, M. Yepifanovych (1951)

Будинок № 16 стилістично не відрізняється від решти будинків початку 1950-х. Він має спільну із сусідніми будинками синю лінію і не виділяється з контексту. Водночас це — перший у Києві панельний будинок, споруджений із залізобетонних панелей. В умовах сталінської архітектури навіть панельне будівництво мало мати презентабельний вигляд, отже, зовнішні панелі були

1951

Центральний державний архів-музей літератури і мистецтва України / Central State Archive-Museum of Literature and Art of Ukraine

зроблені декорованими. Саме це не дає йому виділятись з-поміж решти представників стилю, хоча загальний стереотип щодо панельного будівництва не передбачає декорацій. Оскільки будівництво було експериментальним, уперше в київській практиці на будівництві було застосовано радіозв'язок. Експеримент був покликаний продемонструвати головну перевагу панельного будівництва — швидкість монтажу. Будинок спорудили за рекордні 63 дні.

House no. 16 is stylistically no different from other houses dating to the early 1950s. It stands to the same height as its neighbours and makes a good fit with its context. And yet this is the first house in Kyiv to have been built from reinforced-concrete panels. Given the expectations imposed upon Stalinist architecture, even prefabricated panels used in construction had to be of presentable appearance; exterior panels accordingly incorporated decoration. This is why this building does not stand out from other examples of this style, although decoration is not something you would usually associate with prefab construction. Since this was an experimental project, radio communication was used on the construction site for the first time in Kyiv. The experiment was designed to demonstrate the principal advantage of construction using prefabricated panels: speed of installation. The house was built in just 63 days.

Будинок перо-пухової фабрики
House of the feather and down factory

053 **D**

вулиця Велика Васильківська, 36
Velyka Vasylkivska Street, 36
Олександр Малиновський, Симон Шпільт Oleksandr Malynovskyi, Symon Shpilt (1950–1951)

5-поверховий житловий будинок побудовано для перо-пухової фабрики міністерства м'ясо-молочної промисловості. Будинок вставлено по червоній та синій лініях забудови серед будинків царської доби. У початковому проєкті 1947 року був наявний властивий смаку архітектора Малиновського вплив іспанської архітектури. Також були запропоновані невтілені мансарди. Будинок із самого початку мав засклені за єдиним дизайном балкони, що було нетипово для Києва. Фасад будинку багато оздоблений. Тут є металеві декоративні елементи, а орнамент вікна третього поверху прикрашений у техніці сграфіто. Фасад обкладений декоративною керамікою двох різних малюнків, що також чергується із фасадною цеглою, завдяки чому утворюється ритмічна пауза. Окрім декоративної складової, кераміка використовувалась тут як конструктивний елемент: з керамічних блоків були побудовані перекриття і міжкімнатні перегородки.

Built for the feather and down factory of the Ministry of Meat and Dairy Industry, this five-storey residential building was inserted into a space between, and at the same height as, buildings erected during the time of the Russian Empire. The initial design of 1947 showed the influence of Spanish architecture, for which the architect Oleksandr Malinovsky had a taste. It also incorporated an attic storey (never realised). Right from the beginning, the building had glazed balconies of a uniform design; this was unusual for Kyiv. The façade is richly decorated. It has metal decorative elements, and the windows of the third floor have decoration using the sgraffito technique. The façade is clad with decorative ceramics of two different designs, which alternate with the façade bricks, creating an effect of rhythmic pause. In addition to their decorative function, the ceramics here perform a structural role: the ceilings and interior partitions consist of ceramic blocks.

Інститут фізики
Institute of Physics

054 A

проспект Науки, 46
Nauky Avenue, 46
Анатолій Добровольський
Anatolii Dobrovolskyi (1953)

Головний корпус Інституту має барокові риси і споруджений у формі розгорнутого каре. Особливої уваги заслуговує вежа над центральним входом у корпус, що її барабан слугує джерелом денного освітлення для розташованого під нею циліндричного колодязя. Склепіння під вежею було зроблено у вигляді купола. у 1977–1981 роках художник Микола Стороженко виконав на куполі розписи із зображенням видатних учених-фізиків. Інтер'єр споруди було багато прикрашено колонами і декоративними вставками. Окрім головного корпусу, було споруджено декілька допоміжних корпусів та лабораторій, що утворювали єдиний узгоджений архітектурний ансамбль. Поруч у 1952–1963 роках було збудовано комплекс житлових будинків для співробітників Інституту.

The main building of the Institute of Physics has Baroque features and takes the form of an open square. The tower above the building's central entrance is particularly notable; its dome drum serves as a source of daylight for the cylindrical space below. The vault under the tower takes the form of a dome. In 1977–1981 the artist Mykola Storozhenko created paintings depicting outstanding physicists for the dome. The building's interior is richly decorated with columns and decorations. In addition to the main building, several auxiliary buildings and laboratories were built, forming a single coherent architectural ensemble. Nearby, a complex of residential buildings for the Institute's employees was built in 1952–1963.

Будинок ДВРЗ
House of DVRZ

055 G

вулиця Алматинська, 101
Almatynska Street, 101
Анатолій Добровольський
Anatolii Dobrovolskyi (1950)

Триповерховий будинок доповнює довоєнний ансамбль кварталу, створений архітектором Пріцкером у 1935–1936 роках. Він займає центральну частину ансамблю, стилістично і колористично гармонує з реконструйованими сусідніми будинками. Будинок споруджено за типовим проєктом 1-302-3, що є представником однієї з найвишуканіших типових повоєнних малоповерхових серій. Фасад будинку декоровано бароковими щипцями, а вхідна група має колони, обвиті виноградом, — характерний елемент української національної архітектури. Серія 1-302, окрім вартісної декоративної складової, мала великі квартири (до 4–5 кімнат), а тому вартість квадратного метру на одного мешканця виходила дуже високою. Через це серію 1-302 використовували лише кілька років на межі 1940-х і 1950-х. Будинки цього проєкту також трапляються в Києві на Звіринці і Сирці.

Belonging to one of the most refined post-war standard low-rise series (1-302-3), the three-storey house of the DVRZ (Darnytsia Coach-Repairs Factory) complements the pre-war ensemble of this street block, which was created by Borys Pritzker in 1935–1936. It occupies the central part of the ensemble, stylistically and chromatically harmonising with the reconstructed neighbouring houses. Its façade is decorated with Baroque pinnacles, and its entrance has columns wrapped in grapes, a characteristic element of Ukrainian national architecture. In addition to its valuable decorative elements, series 1-302 stands out for its large apartments of up to four or five rooms; this made it very expensive to build (in terms of cost per square metre per inhabitant). Accordingly, the 1-302 series was only built for a short period in the 1940s and 1950s. Houses built to this design are also to be found in Kyiv in the districts of Zvirynets and Syrets.

1950

Будинок заводу «Більшовик» `056` `B`
House of the
Bilshovyk Factory
проспект Перемоги, 45
Peremohy Avenue, 45
Анатолій Добровольский,
Анатолій Косенко Anatolii
Dobrovolskyi, Anatolii Kosenko (1950)

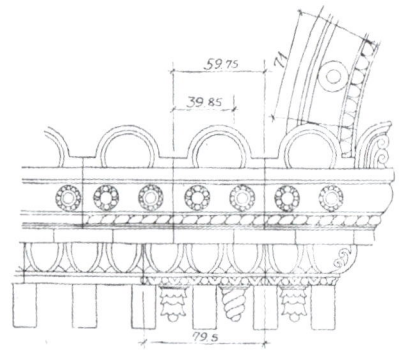

Проєкт будинку був розроблений у 1939 році, проте станом на 1941 рік встигли розпочати тільки підготовку фундаменту. До будівництва повернулися 1949 року. Проєкт має властиві для архітектора Добровольського розвинені вхідні групи: у будинку «Більшовика» оформлення вхідних груп досягає 4-го поверху. Це одні з найвиразніших вхідних груп у Києві. Будинок «Більшовика» свідчить про неперервність еволюції стилю. Проєкт 1939 року вписується в естетику вже повоєнної архітектури: його фасад нетинькований і поліхромний, є наріжна альтанка-вежечка і бетонні декоративні елементи. Під час спорудження в проєкт були внесені зміни: частина декорацій була замінена на типові бетонні, а наріжна альтанка була замінена на пірамідальну металеву конструкцію.

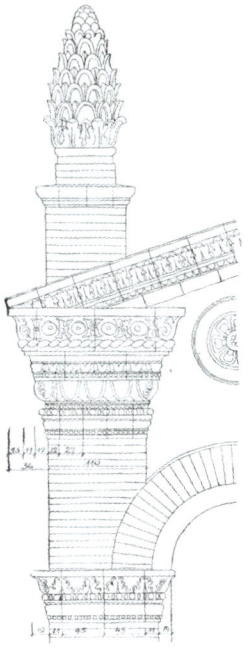

The design for this building was developed in 1939, but by 1941 only the foundations had been begun. Construction resumed in 1949. The complex entrance areas are typical of Anatolii Dobrovolskyi: here the design of the entrance halls extends to the fourth floor, making this one of the most notable house entrances in Kyiv. The house for the Bilshovyk Factory testifies to smooth evolution of architectural style. Its original design harmonised well with the aesthetics of post-war architecture, thanks to a façade which is polychromatic as opposed to plastered and to the inclusion of a corner gazebo-turret and concrete decorative elements. During construction, changes were made to the project: some of the customised decorations were replaced with standard concrete decoration, and the corner gazebo made way for a pyramidal metal structure.

1950

1949

Будинок заводу «Точелектроприлад»
House of the Tochelektroprylad Factory

057 B

вулиця Гарматна, 29
Harmatna Street, 29

Анатолій Черкаський,
Володимир Михайлов Anatolii Cherkaskyi, Volodymyr Mykhaylov (1953)

Будинок займає наріжну ділянку вулиць Гарматної та Машинобудівної. Він доповнює собою ансамбль кварталу, який почали споруджувати ще 1941 року. Через ухил рельєфу ця наріжна ділянка відіграє особливу роль у загальній композиції кварталу. Будинок споруджений як архітектурний акцент. Більшість його секцій 5-поверхові, але наріжна секція має 7 житлових поверхів, а цокольний поверх через ухил рельєфу має подвійну висоту. Отже, будинок досягає висоти 9 поверхів, що робить його одним з найвищих житлових будинків 1950-х у Києві. Подібна висота є також рекордом для периферійної вулиці — решта будинків такої висоти споруджувалась на широких магістралях. Фасад у сторону Машинобудівної вулиці прикрашено вишуканим триповерховим еркером з масивними кронштейнами: два нижні візуально поєднані, а верхній оздоблено додатковим декором.

Standing at the corner of Harmatna and Mashinobudivna streets, this building complements the ensemble of the street block, whose construction commenced in 1941. The sloping terrain gives this corner plot a special role in the overall composition of the street block. The house at Harmatna 29 was built as an architectural accent. Most of its sections have five storeys, but its corner section has seven residential floors and a socle tier which, due to the slope of the terrain, is double height. Accordingly, the house reaches a height of nine stoeys, making it one of the tallest residential buildings from the 1950s in Kyiv. Its height is also a record for a peripheral street; all other buildings of this height were erected on wide thoroughfares. The façade overlooking Mashinobudivna Street is decorated with an exquisite three-storey bay window with massive brackets: the two tiers of the window are visually connected; the upper tier is more richly decorated.

Комплекс ВДНГ
VDNG complex

058 A

проспект Академіка Глушкова, 1
Akademika Hlushkova Avenue, 1

Борис Жежерін, Віталій Орєхов, Ігор Мезенцев, Анатолій Станіславський, Дмитро Баталов Borys Zhezherin, Vitalii Oriekhov, Ihor Mezentsev, Anatolii Stanislavskyi, Dmytro Batalov (1958)

Комплекс Виставкового центру є одним з найяскравіших ансамблів неокласичної сталінської архітектури не тільки в Києві, а й у загальносвітовому масштабі. Більш масштабним ансамблем виставкового комплексу в СРСР був тільки комплекс ВДНГ в Москві. Київський виставковий центр має композицію, побудовану на двох осях. Головна вісь завершується павільйоном № 1, що має висоту 58 м і домінує над комплексом. Поперечна вісь завершується павільйонами № 7 і № 10. Останній має вежеподібну структуру й увінчується скульптурою колгоспниці зі снопом сіна. Павільйони першої черги комплексу виконані в дусі неокласицизму. Більшість павільйонів мають колонади. Їхні фасади декоровані керамічними розетками, тематичними декоративними вставками, скульптурою та барельєфами, чавунним литвом, оздобленням дверей та інтер'єрів. Головний павільйон має в інтер'єрі 4 монументальні художні панно. Центральний зал павільйону має кесоноване склепіння і світловий барабан, що цитують римський Пантеон. Комплекс ВДНГ став останнім значущим представником сталінської архітектури, що був зданий у Києві. Попри те, що це відбулось через 3 роки після початку боротьби з надмірностями в архітектурі, павільйони першої черги не були перероблені та спрощені.

The Exhibition Centre (VDNG) complex is one of the most interesting ensembles of Neoclassical Stalinist architecture not only in Kyiv but in the whole world. In the USSR only the exhibition complex in Moscow (VDNKh) was larger. The Kyiv Exhibition Centre has a composition based on two axes. The main axis ends at Pavilion no. 1, which is 58 metres high and dominates the complex. The transverse axis ends at pavilions nos.

7 and 10. Pavilion 10 has a tower-like structure and is crowned with a sculpture of a female collective-farm worker with a sheaf of hay. The pavilions erected during the first stage of construction are Neoclassical in style. Most have colonnades. Their façades are decorated with ceramic rosettes, thematic decoration, sculptures, bas-reliefs, cast iron, and door décor. The interior of the main pavilion features four monumental art panels. Its central hall has a coffered vault and a skylight, an allusion to the Pantheon in Rome. The VDNG complex was the last important work of Stalinist architecture to be built in Kyiv. Despite the fact that its construction took place three years after the launch of the campaign against superfluity in architecture, the first-phase pavilions were not redesigned or simplified.

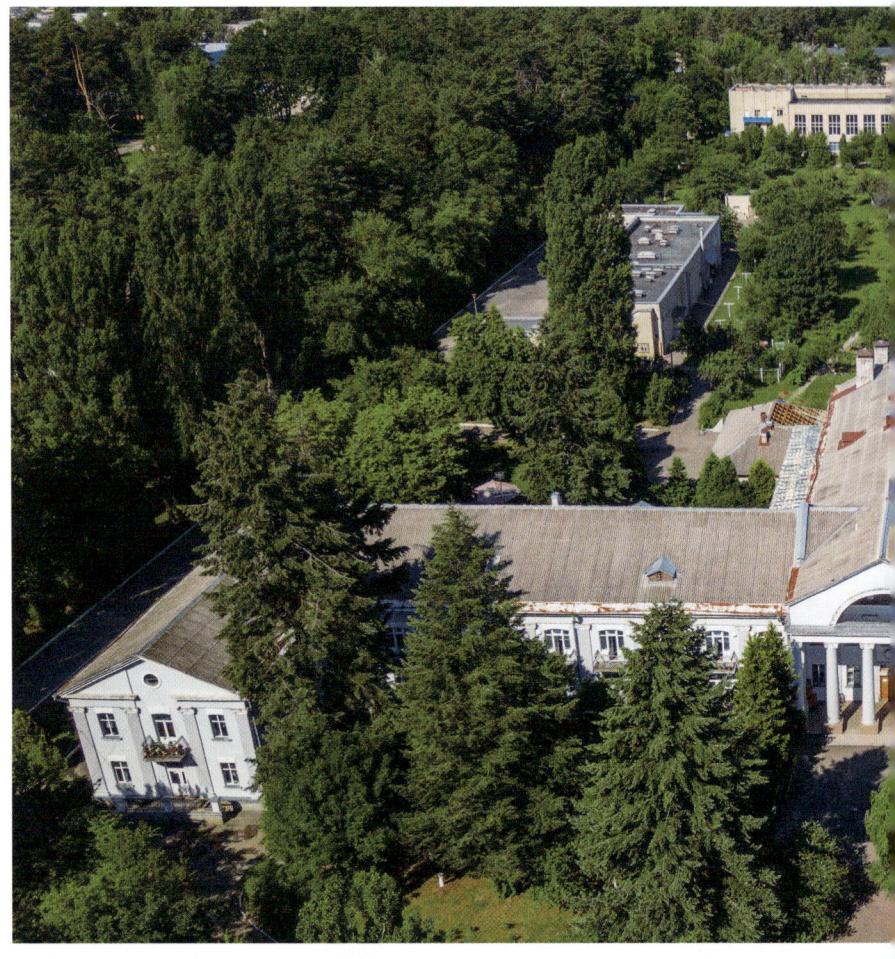

Санаторій для інвалідів і престарілих
Sanatorium for the Disabled and the Elderly

059 A

вулиця Івана Крамського, 16
Ivana Kramskoho Street, 16
Борис Пріцкер Borys Pritzker (1951)

Споруда санаторію для інвалідів і престарілих споруджувалась у лісистій рекреаційній місцевості Святошина. Архітектура двоповерхової будівлі наслідувала симетричну палацову композицію. Палати першого поверху мають виходи на терасу, палати другого поверху — балкони. За початковим проєктом, центральний фронтон мав бути прикрашений скульптурою на двох портиках. Натомість було споруджено суцільний шестиколонний портик без скульптур. Споруда є однією з найкращих представників рекреаційної архітектури 1950-х і через свою недоступність майже невідома широкому загалу киян. Нині це корпус психоневрологічного інтернату.

The Sanatorium for the Disabled and the Elderly was built in the wooded recreational district of Sviatoshyn. The architecture of this two-storey building imitates the kind of symmetrical composition found in palaces. The rooms on the first floor have entrances from a terrace; those on the second floor have balconies. Under the initial project, the central pediment was to have been decorated with sculptures supported by two porticos. Instead, a single continuous six-column portico without sculptures was built. The Sanatorium for the Disabled and the Elderly is one of the best examples of the recreational architecture of the 1950s; its inaccessibility makes it almost unknown to Kyiv's general public. Currently, it houses a psychoneurological nursing home.

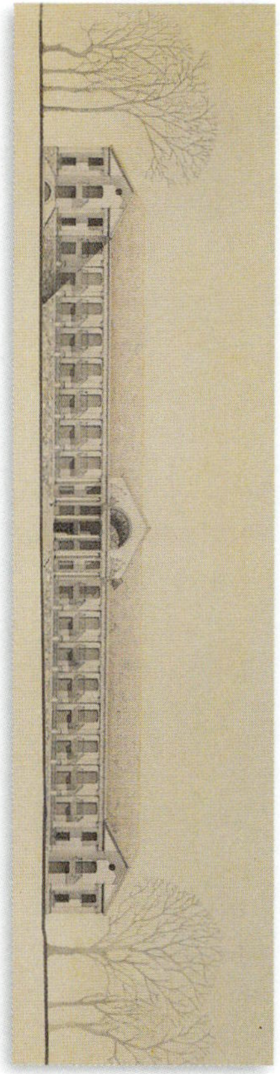

Source: Nikita Yurenev / Микита Юренєв

Borys Pritzker archive /
Архів Бориса Прітцкера

Borys Pritzker archive /
Архів Бориса Прітцкера

Санаторій «Конча-Заспа»
Sanatorium Koncha-Zaspa
Столичне шосе, 215
Stolychne Shose, 215
Борис Жежерін Borys Zhezherin
(1949–1957)

060 A

Це найбільш монументальний санаторій біля Києва. Початково комплекс споруджувався як урядова лікарня, з 1965 року тут міститься санаторій. Санаторій має монументальну класичну споруду власного поштового відділення, стильний господарчий корпус та монументальний вхід у дусі панських палаців XIX століття. Головний корпус має Н-подібну форму й оформлений у дусі монументального сталінського класицизму. Головний вхід до корпусу оформлено чоториколонним портиком коринфського ордеру, а у фронтоні зображено змію, яка обвиває келих. Бокові фасади головного корпусу оформлені аркадами, що більш властиве південним кліматичним регіонам. Багаті декорації має інтер'єр їдальні санаторію. Перший поверх їдальні, попри свою присадкуватість, декорований монументальними стовпами, ліпними карнизами та розетками, а також прикрашений багатою люстрою. Проте він не йде у порівняння з другим поверхом їдальні, що має подвійну висоту, витягнуті арочні вікна з додатковими ілюмінаторами попід стелею, а також надзвичайно монументальні люстри.

Другий поверх їдальні ще більш мону-
ментальний і нагадує фрагмент палацу
європейських монархів.

This is the most monumental sanato-
rium in the vicinity of Kyiv. Initially
built as a government hospital, the
complex has housed a sanatorium since
1965. It comprises a monumental build-
ing in the Neoclassical style, its own
post office, a stylish utility building,
and a monumental entrance in the spirit
of a nineteenth-centrury palace. The
H-shaped main building is in the style
of monumental Stalinist Neoclassicism.
Its main entrance is decorated with a
four-column portico in the Corinthian
order with a pediment depicting a snake
coiling around a glass. The side façades
of the main building are decorated with
arcades, a feature which is more char-
acteristic of southern climatic regions.
The interior of the sanatorium's din-
ing room is richly decorated. The first
floor of the dining room, despite its
squatness, is decorated with monu-
mental pillars, stucco cornices and ro-
settes, and an opulent chandelier. This,
however, is far surpassed by the din-
ing room's second floor, which is dou-
ble height and possesses elongated
arched windows with additional port-
holes under the ceiling, as well as ex-
tremely monumental chandeliers, giving
it a resemblance to part of a palace built
for a European monarch.

Будинок культури залізничників
House of Culture of Railway Workers

061 G

вулиця Костянтина Заслонова, 18
Kostiantyna Zaslonova Street, 18
Віктор Єлізаров Viktor Yelizarov (1951)

Будинок культури є домінантою навколишнього простору та єдиною спорудою у кварталі, на решті території якого розташований парк. Споруда має декоративні елементи в стилі класицизму. Головний фасад прикрашений колонами, розетками та декоративними вставками. Центральний ризаліт має шестиколонний портик заввишки два поверхи, над яким розміщений одноповерховий чотириколонний поверх, що завершується фронтоном з гербовою композицією. Будинок культури став однією з найвиразніших споруд Київського Лівобережжя 1950-х. Тут є зала на 500 осіб, діють численні студії, гуртки, колективи, клуби. У літній період на задньому дворі закладу діє Зелений театр на 400 осіб. Сьогодні тут палац культури «Дарниця».

The House of Culture of Railway Workers dominates its surrounding space and is the only building in this block, the remainder of which is parkland. This building has decorative elements in the style of Neoclassicism, including columns, rosettes, and decorative inserts on its main façade. The central risalite has a two-storey, six-column portico, above which is a storey fronted by four columns, surmounted by a pediment with a coat of arms. In the 1950s the House of Culture of Railway Workers was one of the most notable buildings on Kyiv's left bank. It contains a hall for 500 people, as well as numerous studios and rooms for groups, collectives, and clubs. In summer, the 400-seat Green Theatre functions in the backyard. Today, this building is home to the Darnytsia Palace of Culture.

1951

1951

Аварійне селище
Avariine settlement
Микола Холостенко Mykola
Kholostenko (1949–1952)

062 G

Аварійне селище виникло ще в 1930-х, проте забудоване було переважно наприкінці 1940-х. Структурно воно складається з чотирьох кварталів, забудованих ансамблями 2–3-поверхових будинків. Частина з них споруджена за типовими проєктами, але є 7 проєктів, що були розроблені Миколою Холостенком спеціально для цього селища. Деякі з будинків мають унікальні декоративні елементи із солярними знаками, яких більше немає ніде в Києві. Аварійне селище є найкращим у Києві представником малоповерхової ансамблевої забудови. Тут є

співрозмірність людському масштабу, озеленення та естетика архітектурних ансамблів. Проте багато киян не знають про архітектурну складову, тому існує популярна легенда, що селище споруджено військовополоненими за німецькими проєктами. Частина будинків зведена зі шлакобетонних блоків. Через низьку якість матеріалів та відсутність ремонтно-реставраційних робіт частина будинків нині в аварійному стані. Попри наявність статусу пам'яток архітектури, майже половина селища була знищена у 2003–2017 роках.

The Avariine housing estate first appeared on the map in the 1930s but was built mainly at the end of the 1940s. It consists of four parts, built as ensembles of two–to-three-storey houses. Some were erected to standard designs, but seven design projects were developed by Mykola Kholostenko specially for this site. Some of the houses have unique decorative elements with solar symbols of a kind not found anywhere else in the city. Here you will find some of the finest examples of low-rise ensemble buildings in Kyiv; this is design that is notable for its use of greenery, human scale, and the aesthetics of its architectural ensembles. Many Kyiv residents, however, are unaware of the architectural component, so there is a popular legend that the estate was built by prisoners of war to German designs. Some of the houses are made of blocks of slag concrete. Due to the low quality of the materials and failure to carry out repairs and restoration work, some of the buildings are currently in disrepair. Despite its being listed as an architectural monument, almost half of the estate was demolished in 2003–2017.

Залізнична станція Дарниця
Darnytsia Suburban Railway Station

063 **G**

Привокзальна вулиця, 1 (зруйнована)
Pryvokzalna Street, 1 (demolished)
Павло Красицький Pavlo Krasytskyi
(1954)

Після руйнування в 1944 році будівлі залізничної станції Дарниця постало завдання спорудити тут повноцінний залізничний вокзал, який мав обслуговувати лівобережну частину Києва. У 1950–1953 роках було розроблено кілька архітектурних проєктів вокзалу. Зрештою було вирішено побудувати окрему споруду для пасажирського вокзалу й окрему — для приміської залізничної станції. Станцію було споруджено 1954 року. Вона стала однією з наймонументальніших залізничних станцій на території Києва. Фасад споруди було обличковано керамічною плиткою, прикрашено чотирма колонами та фронтоном з годинником, вишукано оформленим керамічним декором. Центральний зал станції мав світловий ліхтар у вигляді вежі зі шпилем. Загальна композиція дещо нагадувала головний павільйон київського ВДНГ. 2004 року споруда станції була зруйнована в межах будівництва Дарницького пасажирського вокзалу, на її місці була споруджена нова, менш архітектурно виразна.

After Darnytsia Railway Station was ruined by enemy action in 1944, the task was to build a fully fledged railway station on this site to serve Kyiv's left-bank districts. In 1950–1953 a number of architectural projects for the station were drawn up. In the end, however, it was decided to build separate buildings for the passenger station and the suburban railway station. Built in 1954, the suburban station was one of the most monumental railway stations in Kyiv. Its façade, clad with ceramic tiles, possessed four columns, a pediment with a clock, and exquisite ceramic decoration. The station's central hall featured a skylight in the form of a tower with a spire. The overall composition somewhat resembled the main pavilion at the VDNG in Kyiv. In 2004 the station building was demolished during the construction of Darnytsia Passenger Station, and a new, architecturally less expressive building was erected in its place.

Сінний ринок
Sinnyi Market

064 C

Вулиця Бульварно-
Кудрявська, 17 (зруйнований)
Bulvarno-Kudriavska Street, 17
(demolished)
Семен Фрідлін, Борис Кучер
Semen Fridlin, Borys Kucher (1958)

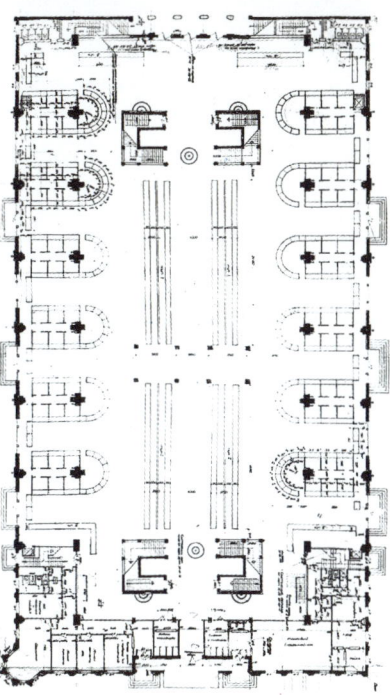

Сінний ринок, про будівництво якого заговорили ще наприкінці 1930-х, став найбільшим критим ринком Києва того часу. Споруда була продуманою в плані організації людських потоків, технічного оснащення та санітарних вимог. Денне світло потрапляло через скляний дах та великі засклені площі торцевої стіни. Стилобатна частина була облицьована керамічною плиткою і виконана в дусі неокласицизму — з монументальним портиком, вежечками, сходами. Окремі елементи були оформлені в камені. Архітектурні деталі мали ринкову тематику. На балюстрадах було декоративне литво у формі соняхів, бічні двері прикрашало литво з флористичним орнаментом, пшеницею та головами биків. Центральний критий ринок був однією з останніх виразних споруд сталінської архітектури, споруджених у Києві. Його було здано через 3 роки після початку боротьби з надмірностями в архітектурі. Також Сінний ринок приваблював своїм поєднанням конструктивних і архітектурних рішень. Ринок було зруйновано 2005 року, а на його місці згодом почалось будівництво надщільного комерційного житла.

Construction of the Sinnyi (Hay) Market was discussed at the end of the 1930s but realised only in the 1950s, when it became the largest covered market in Kyiv. This was a well-thought-out building in terms of organisation of human flows, technical equipment, and sanitary arrangements. Abundant daylight entered through the glass roof and the large glazed areas in the front wall. The stylobate, clad with ceramic tiles, was part of a Neoclassical composition with a monumental portico, towers, and stairs. Some elements were in stone. The architectural details were on themes relating to goods sold at the market: the balustrades had decorative mouldings in the form of sunflowers, and the side doors were decorated with mouldings with floral ornaments, wheat, and bulls' heads. Completed three years after the start of the campaign against superfluity in architecture, Sinnyi Market was one of the last distinctive buildings of Stalinist architecture built in Kyiv. It was also notable for the way in which it combined structural and architectural solutions. The market building was demolished in 2005 to make way for construction of high-density commercial housing.

1925–1933
1934–1941
1945–1958
1959–1991
1992–2023

Автовокзал
Bus station
проспект Науки, 1/2
Nauky Avenue, 1/2
Авраам Мілецький, Іраїда Мельник,
Едуард Більський Avraam Miletskyi,
Iraida Melnyk, Eduard Bilskyi
(1959–1960)

065 D

Київський автовокзал споруджено на перетині ключових транспортних напрямків і водночас не в самому центрі міста, що дало можливість не створювати додаткового навантаження на транспортну систему центру. Триповерхова споруда містить каси, диспетчерську, пошту, зали очікування, ресторан і готель для водіїв. Автовокзал — один з перших знакових проєктів повоєнного модернізму в Києві. Інтер'єр споруди прикрашено тематичними мозаїками художників-монументалістів Ади Рибачук і Володимира Мельниченка. В інтер'єрі будівлі було передбачено створення психологічного асоціативного ланцюжка між користувачем будівлі та її функцією. Тематичні твори монументального мистецтва виконували функцію «підготовки» пасажира до подорожі. Тривалий час автовокзал зберігав автентичний стан, проте у 2015–2021 роках його було реконструйовано. Зовнішній вигляд будівлі було змінено, а мозаїки — відреставровано.

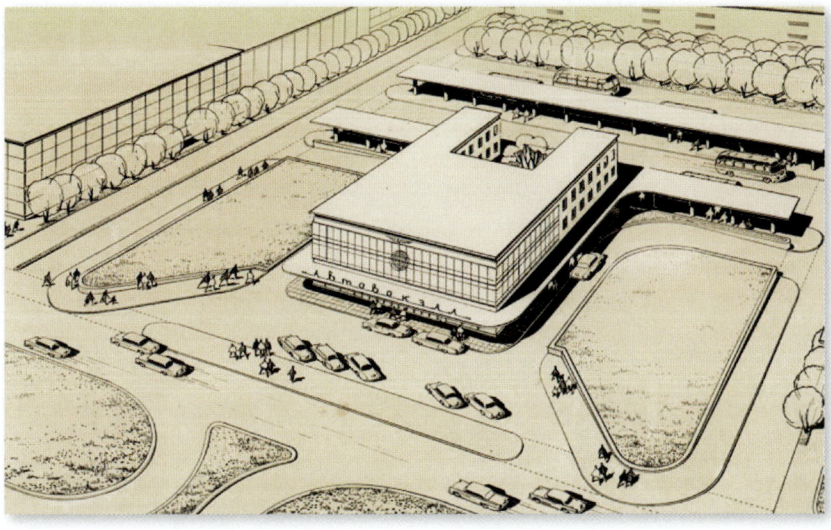

Although built at the intersection of important transport routes, Kyiv Bus Station is not in the very heart of Kyiv – which has made it possible to avoid bringing additional traffic into the city centre. The three-storey building contains ticket offices, a control room, a post office, waiting rooms, a restaurant, and a hotel for drivers. This is one of the first iconic projects of post-war Modernism to have appeared in Kyiv. Its interior is decorated with thematic mosaics designed by the monumental artists Ada Rybachuk and Volodymyr Melnichenko with the aim of creating a psychological associative link between visitors and the building's function.

These works of monumental art perform the function of 'preparing' passengers for their trip. The bus station retained its authentic design and fittings for many years but was reconstructed in 2015–2021: the exterior was redesigned, and the mosaics were restored.

1963

1962

Житній ринок
Zhytnii Market
вулиця Верхній Вал, 16
Verkhnii Val Street, 16
Валентин Штолько,
Г. К. Ратушинський, Ольга Моніна
Valentyn Shtolko, H. K. Ratushynskyi,
Olha Monina (1974–1980)

066 C

Житній ринок — одна з небагатьох будівель Києва з великопрольотним висячим покриттям. На момент будівництва критий ринок на 1350 торгових місць (плюс ще 600 на відкритому майданчику поряд з павільйоном) був найбільшим критим ринком у Європі. Торгові точки розміщувались на кількох поверхах та балконах. Проєкт комплексу спочатку передбачав будівництво восьмиповерхового корпусу готелю, а також

реконструкцію прилеглої території. Однак пізніше стару забудову Подолу оголосили заповідною зоною, що вплинуло на майбутнє сприйняття ринку, розрахованого на інший простір. Задля цілісного сприйняття внутрішнього та зовнішнього вигляду будівлі підтримувальні конструкції прибрали всередину. У споруді розміщувалися склади та холодильні камери, зрошувальні установки для зелені. Кожне робоче місце забезпечили гарячою та холодною водою, що було важливим для санітарної обстановки. Оскільки будівля розташована на місці, де здавна існував базар, фасад прикрасили карбованими металевими панно із сюжетами з історії Київської Русі, зокрема — історичного торговельного шляху «із варягів у греки».

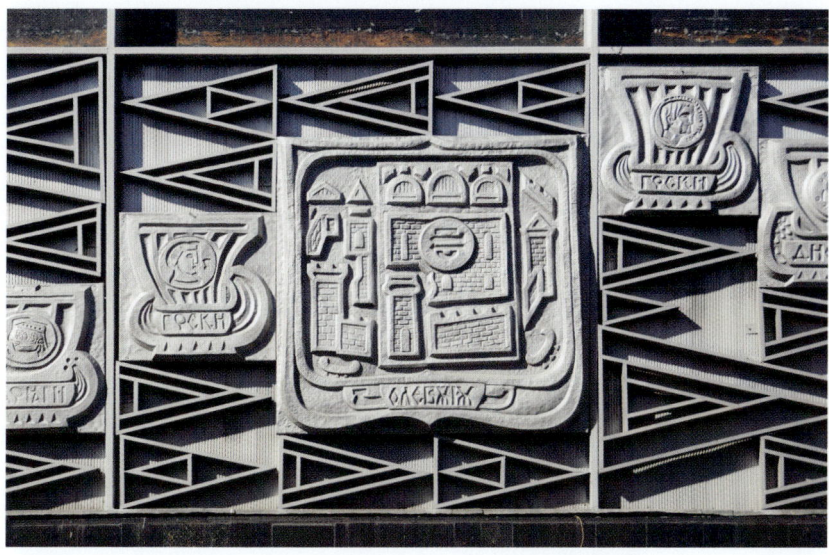

The Zhytnii (Rye) Market is one of the few buildings in Kyiv to have a long-span suspended roof. At the time of its construction, this covered market with capacity for 1350 people (plus another 600 spaces in the adjacent outside area) was the largest covered market in Europe. Trading units are located on several floors and balconies. The original design for this complex envisaged an eight-storey hotel building, as well as the reconstruction of the adjacent territory. However, the city's old Podil district was subsequently given protected status; this has affected how the market building is perceived since it was originally designed as part of a different setting. To enable holistic perception of the building's interior and exterior, its supporting structures were placed inside. The building houses warehouses, refrigeration rooms, and irrigation systems for greenery. Each trading unit is equipped with hot and cold water, which is important for sanitary conditions. In view of the fact that the market stands on the site of an old bazaar, its façade is decorated with carved metal panels depicting scenes from the history of Kyivan Rus – in particular, the historical trade route 'from the Varangians to the Greeks'.

Залізничний ринок
Zaliznychnyi Market
вулиця Кудряшова, 1
Kudriashova Street, 1
Алла Анищенко, інженери
Б. Бернарський, В. Федорок
Alla Anyshchenko; engineers:
B. Bernarskyi, V. Fedorok (1973)

067 D

Залізничний ринок зводився як експериментальний. Споруду створено із застосуванням вантової конструктивної схеми даху та зовнішньої несної оболонки. Такий тип конструкцій допомагає розкрити композиційні можливості та отримати ефективні архітектурно-планувальні рішення. Вільна планувальна структура дає можливість багаторазово трансформовувати внутрішнє планування приміщень. Торговельний зал перекритий збірною залізобетонною попередньо напруженою вантовою оболонкою діаметром 52 метри. Вантова оболонка спирається по периметру на зовнішнє огородження. Ванти з'єднуються в центральному кільці, яке одночасно слугує верхнім освітленням. Початково кільце монтується внизу і по мірі натягування вант підіймається і займає проєктне положення. Зовнішній периметр стін організовано сітчастою оболонкою зі збірних залізобетонних трикутних блоків однакового типорозміру. Аналогічна система, окрім Києва, використовувалась лише в декількох експериментальних спорудах у Черкасах, Харкові, Рівному та Махачкалі. Ринок «Залізничний» — перший та один із двох ринків Києва з використанням висячих конструкцій Алли Анищенко. Усі ринки конструкції Алли Анищенко, збудовані в Україні, збереглися. Зруйновано лише ринок у Махачкалі (Дагестан, Росія).

Oleksandr Mykhaylyk / Олександр Михайлик

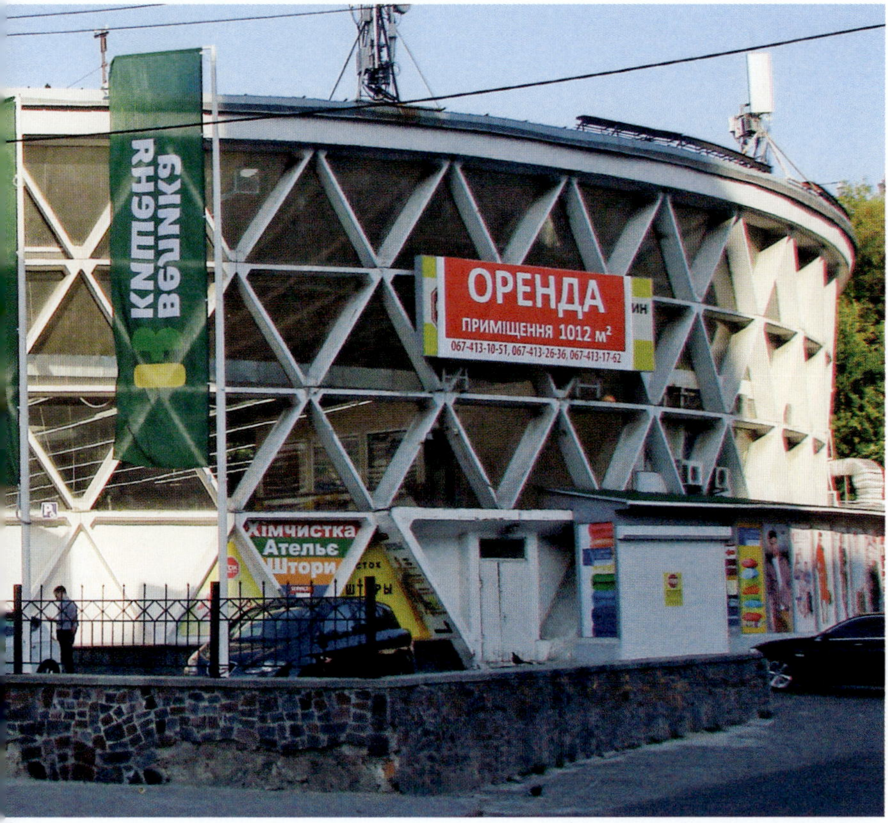

Zaliznychnyi (Railway) Market was built as an experimental project. This building has an external load-bearing shell and a cable-stayed roof, a structural solution which creates additional scope for compositional freedom and effective architectural and layout designs. The free planning structure means that the building's interior layout can be endlessly transformed. The trading hall is covered with a prefabricated, reinforced-concrete, prestressed, cable-stayed membrane with a diameter of 52 metres. The cable-stayed membrane is attached to the perimeter of the outer wall. The cables are connected to a central ring, which simultaneously serves as a source of overhead light. The ring was initially installed at the bottom; then, as the cables were tightened, it rose into the air and took up its intended position. The outer perimeter of the walls consists of a mesh shell made of prefabricated reinforced-concrete triangular blocks of the same standard size. Apart from in Kyiv, a similar structural system was used in a small number of experimental projects in Cherkasy, Kharkiv, Rivne, and Makhachkala. Zaliznychnyi Market was the first market to use suspended structures designed by Alla Anyshchenko. All market buildings by Alla Anyshchenko and built in Ukraine have been preserved. Only the market she designed for Makhachkala (Dagestan, Russia) has been demolished.

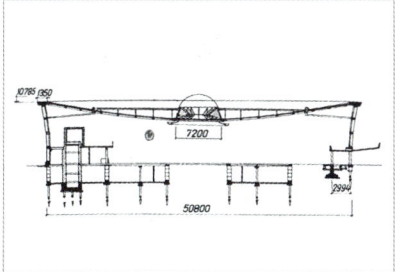

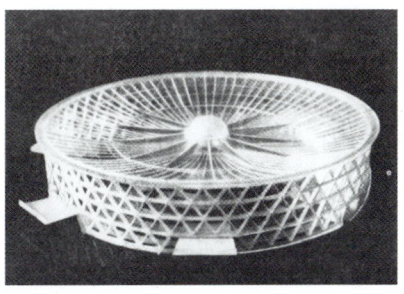

Oleksandr Burlaka

Будинок меблів
House of Furniture
бульвар Миколи
Міхновського, 23
Mykoly Mikhnovskoho Boulevard, 23
Наталія Чмутіна Natalia Chmutina
(1979–1984)

068 E

Будинок меблів — одна з кількох торговельних споруд Києва з увігнутим дахом. Він цікавий насамперед експериментальними конструкціями даху: покрівля тримається на поперечних увігнутих балках, що з'єднують кути будівлі по діагоналі. Центральна зала перекрита висячою металевою мембраною розміром 63,3 × 63,3 метра. Покриття зібране з окремих металевих панелей завтовшки 4 міліметри, що зварюються під час монтажу. Будинок меблів задумувався як двоповерховий торгово-виставковий центр у формі квадрата зі стороною 63 метри та загальною площею 16 270 квадратних метрів. У ньому можна було не лише придбати меблі, а й подивитися на оформлені меблеві композиції, що імітують інтер'єри квартир. Крім торгових та виставкових приміщень, у Будинку меблів працювали кінозал та кафетерій.

The House of Furniture is one of several commercial buildings in Kyiv with a concave roof and is primarily interesting for its experimental roof structure. The roof rests on transverse concave beams that connect the corners of the building diagonally. The central hall is covered with a suspended metal membrane. The covering was assembled from separate four-millimetre-thick metal panels, which were welded together during installation. The Furniture House was conceived as a two-storey trade and exhibition centre in the shape of a square with 63-metre sides and a total area of 16,270 square metres. Here you could not only buy furniture but also look at decorated arrangements of furniture imitating apartment interiors. In addition to trading units and exhibition spaces, the Furniture House contained a cinema and a cafeteria.

Центральний РАЦС
Central Wedding Hall
проспект Перемоги, 11
Peremohy Avenue, 11
Вадим Гопкало, Вадим Гречина Vadym Hopkalo, Vadym Hrechyna (1980–1982)

069 C

Автори обрали для урочистих подій незвичайну трикутну форму, завдяки якій потоки людей не перетинаються і не заважають один одному, а вхід і вихід розташовані в різних місцях. Підйом покрівлі по краях пропускає в приміщення більше світла, що особливо важливо для урочистого залу. РАЦС був спроєктований як цілий комплекс — із фоє, гардеробом, кіосками з продажу квітів та сувенірів. Його важливим елементом стали сходи на виході для урочистої появи молодят. Також перед РАЦСом обладнали стоянку на 100 автомобілів. Крім своєї незвичайної архітектури, Центральний РАЦС має вигідне розташування — на перетині Повітрофлотського проспекту та проспекту Перемоги. Але сьогодні вільний простір навколо нього з усіх боків забудовується, і видатна споруда в стилі модернізму поступово починає губитися серед хмарочосів.

In view of the importance of the events to be held in this building, it was given an unusual triangular shape. Its entrance and exit are separate, which prevents the flows of people arriving and leaving from getting in each other's way. The roof is raised at its edges to admit more light into the interior. The Central Wedding Hall was designed as a complex – with a lobby, a cloakroom, and stalls selling flowers and souvenirs. A key feature is the exit stairs, where the newlyweds have an opportunity to make a grand appearance. In front of the building is a parking lot for 100 vehicles. In addition to its unusual architecture, the Central Wedding Hall enjoys a favourable location – at the intersection of Povitroflotskyi and Peremohy avenues. Today, however, the space around the hall is being built up on all sides, and this outstanding example of Modernism is gradually disappearing from sight among skyscrapers.

Національна бібліотека України імені В. І. Вернадського
V. I. Vernadskyi National Library of Ukraine

Голосіївський проспект, 3
Holosiivskyi Avenue, 3
Вадим Гопкало, Вадим Гречина,
Валерій Песковський Vadym Hopkalo,
Vadym Hrechyna, Valerii Peskovskyi
(1976–1989)

070 A

Споруда бібліотеки є головною домінантою навколишньої площі. Вертикальна частина будівлі заввишки 76,7 метра налічує 27 поверхів, в яких розміщено книгосховище. у горизонтальній частині розташовані читальні зали та службові приміщення бібліотеки. Перед бібліотекою облаштовано фонтани, які, окрім декоративної функції, були також частиною системи охолодження самої споруди. Інтер'єр основного приміщення оздоблений витворами образотворчого мистецтва вагомої художньої цінності. У вестибюлі бібліотеки розташоване монументально-декоративне панно «Болі землі» (автори Володимир Пасивенко та Володимир Прядка), фоє перед читальними залами прикрашає гобелен-триптих «Витоки слов'янської писемності» (автори Марія Литовченко та Іван Литовченко). Завдяки обладнанню стелі читальних залів скляними ліхтарями поліпшено освітлення робочих місць. За кількістю томів (15,8 млн) бібліотека на 18-му місці у світі та на 9-му в Європі.

The library building is the main landmark in this neighbourhood. Its vertical part, 76.7 metres high, has 27 floors housing the book depository. Its horizontal part contains reading rooms and offices. The fountains in front of the library, in addition to having a decorative function, are also part of the building's cooling system. The interior of the main building is decorated with works of fine art of significant artistic value. The lobby features a monumental decorative panel titled *Pains of the Earth* (authors: Volodymyr Pasyvenko and Volodymyr Pryadka). The foyer in front of the reading rooms is decorated with the triptych tapestry *The Origins of Slavic Writing* (authors: Maria Lytovchenko and Ivan Lytovchenko). The ceilings of the reading rooms have glazed skylights, which improves the illumination of the workplaces. In terms of number of volumes (15.8 million), the National Library of Ukraine ranks eighteenth in the world and ninth in Europe.

Оболонські вежі
Obolon Towers

Оболонська площа, 2 і 2-А
Obolonska Square, 2 and 2-A
Михайло Будиловський,
Володимир Коломієць,
Володимир Кацин   Mykhailo
Budylovskyi, Volodymyr Kolomiiets,
Volodymyr Katsyn (1981, 1990)

071 A

Житлові вежі на Оболонській площі є висотними акцентами 2-го мікрорайону Оболоні, який проєктується як експериментальний і вперше в Києві має пірамідальні каскадні композиції будинків. На Оболонській площі планується спорудження трьох експериментальних висотних житлових будинків з монолітного залізобетону заввишки від 16 до 28 поверхів. Їх вирішують споруджувати шляхом підйому перекриттів і поверхів — методом, що був уперше застосований 1959 року в Ленінграді. Технологія дала можливість відійти від традиційних прямокутних форм — будинки отримали циліндричну форму з численними напівсферичними виступами, що дало їм народні назви «ромашки» та «кукурудзи». Ймовірними прообразами їхньої архітектурної композиції стали 64-поверхові вежі Marina City, споруджені в 1964–1968 роках у Чикаго. 16-поверховий будинок має в центрі сходи, що виходять на циліндричну шахту, яка пронизує весь будинок і завершується виходом до систем відкачування диму.

Такого рішення немає в жодному іншому будинку Києва. 22-поверховий будинок буде мати традиційну компоновку незадимлюваних сходів. 28-поверховий будинок, що мав постати на місці дитсадка, так і не буде споруджений.

The residential towers on Obolonska Square are high-rise accents in the 2nd Obolon microdistrict, which was designed as an experimental project with a pyramidal cascading arrangement of buildings (a first for Kyiv). The original plan was to build three experimental high-rise residential buildings from monolithic reinforced concrete with a height of between 16 and 28 storeys on Obolonska Square. A decision was taken to build the towers by raising the ceiling/floor slabs – a method that had first been used in Leningrad in 1959. This technology made it possible to avoid traditional rectangular shapes: these buildings are cylindrical with numerous hemispherical protrusions, which explains the nicknames given them ('daisies' and 'corns'). The probable prototype for the towers' architectural composition is the 64-storey Marina City Towers, built in 1964–1968 in Chicago, USA. The 16-storey tower here has a central staircase leading to a cylindrical shaft that runs through the entire building and has smoke-extraction systems at its top. No other building in Kyiv has such a feature. The 22-storey tower has a traditional, smoke-free, staircase layout. The 28-storey tower was never built.

1978

Палац піонерів
Palace of Pioneers

072 F

вулиця Івана Мазепи, 13
Ivana Mazepy Street, 13
Авраам Мілецький,
Едуард Більський Avraam Miletskyi,
Eduard Bilskyi (1964–1965)

Палац піонерів споруджувався як центр дитячої та юнацької творчості. Тут діяли різноманітні гуртки, відбувалися спортивні та культурні події, конференції та концерти. Споруда була побудована на краю схилу і головним фасадом виходить на площу Слави. Палац є цінним зразком київського модернізму та був споруджений з якісних будівельних матеріалів. Горизонтальну протяжність споруди вдало доповнює флагшток, що височіє з фонтану. Дно фонтану прикрашене численними мозаїками авторства Володимира Мельниченка та Ади Рибачук. В інтер'єрі будівлі є великий відкритий об'єм, у центрі якого розташований циліндр концертного залу. Частина, що виходить до Дніпра, має коридорну структуру і містить кабінети гуртків, зокрема — астрономічного, купол телескопа якого є частиною загального силуету споруди. Наприкінці 1990-х праворуч до палацу було прибудовано скляну споруду концертного залу з рестораном, що змінило її початковий силует.

The Palace of Pioneers was built as a centre to encourage creativity among children and teenagers. Various sports and cultural events, conferences, and concerts took place here. The building was erected on the edge of a slope, with its main façade overlooking Slavy Square. Built from high-quality building materials, the Palace of Pioneers is a fine example of Kyiv Modernism. Its horizontal length contrasts with the flagpole rising from the fountain, whose bottom is decorated with numerous mosaics by Volodymyr Melnichenko and Ada Rybachuk. The building's interior has a large open volume in the centre of which is the cylinder of the concert hall. The part of the building facing the Dnipro has a corridor structure containing offices for the various clubs, including the astronomy club, whose telescope has a dome which is an integral part of the building's overall silhouette. In the late 1990s a glass structure housing a concert hall and a restaurant was added to the palace's right side, changing its original silhouette.

073 F

РЕСТОРАН

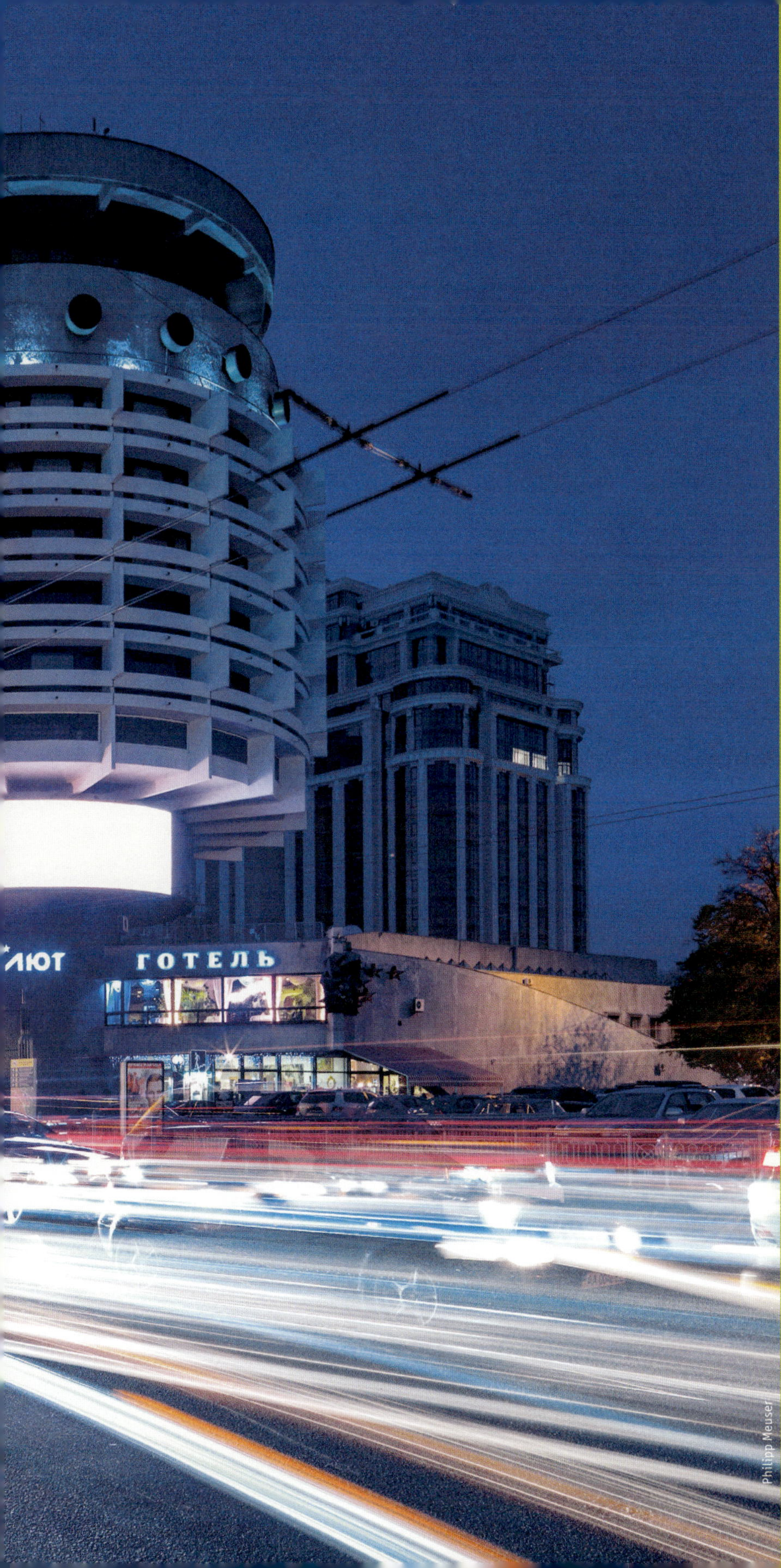

Philipp Meuser

Готель «Салют»
Hotel Saliut
вулиця Івана Мазепи, 11-Б
Ivana Mazepy Street, 11-B
Авраам Мілецький, Неонелла
Слогодська, Володимир
Шевченко Avraam Miletskyi, Neonella
Slohodska, Volodymyr Shevchenko (1984)

073 F

Готель має унікальну форму і є одним з найупізнаваніших зразків київського модернізму. Початково готель планувався 18-поверховим і мав ефектний висотний силует. Однак проєкт було перероблено, і споруду зменшили до 7 поверхів (основна версія — щоб не спотворити силует схилів Дніпра). Як наслідок, споруда вийшла приземкуватою і своєю формою нагадує діжку. У готелі всього 90 кімнат. Через свою форму готель має кругле планування: всередині розташований циліндр, що містить ліфтові шахти і спіралеподібний пандус. Зовні від нього — круглий у плані коридор з виходами в житлові кімнати, які займають зовнішні сектори кола поверху. Готель утворює єдиний ансамбль з палацом піонерів і є вертикальною домінантою площі Слави.

Distinguished by a unique shape, Hotel Saliut is one of the most recognisable examples of Kyiv Modernism. This building was initially planned to have 18 storeys and a spectacular high-rise silhouette. However, revisions to the project reduced it to seven floors (a simplified version, so as not to distort the outline of the sloping banks of the Dnipro). This made the structure rather squat and barrel-shaped. Hotel Saliut has only 90 rooms. Its shape gives it a circular layout. Its inner core is a cylinder containing the elevator shafts and a spiral ramp. Outside the core is a circular corridor containing entrances to the hotel rooms, which occupy the outer sectors of each circular floor. The hotel is part of the same ensemble as the Palace of Pioneers and is the principal vertical landmark on Slavy Square.

1981

Готель «Турист»
Hotel Tourist

074 G

вулиця Раїси Окіпної, 2
Raisy Okipnoi Street, 2

Вадим Гопкало, Вадим Гречина,
Володимир Коломієць, Валерій
Пісковський Vadym Hopkalo,
Vadym Hrechyna, Volodymyr Kolomiiets,
Valerii Piskovskyi (1987)

Готель будувався як складова Лівобережного громадського центру, де мали бути кінотеатри, виставкові й концертні зали, адміністративні та наукові споруди, готелі й величезний підземний паркінг. Готель мали здати до Олімпійських ігор 1980 року, але будівництво завершили тільки 1987 року. з двох запланованих корпусів побудували лише один. Модерністська споруда є домінантою навколишнього простору і має силует розгорнутої в бік Дніпра книги. На момент спорудження 93-метрова будівля готелю була другою за висотою в Києві і найвищою на лівому березі. Готель має 25 житлових поверхів та кілька технічних, на той час це був максимум поверховості в місті.

Hotel Tourist was built as part of the Left Bank Community Centre, which was planned to contain cinemas, exhibition and concert halls, administrative and scientific buildings, hotels, and a vast underground parking lot. The hotel was supposed to be completed in time for the 1980 Summer Olympic Games but was in fact only handed over in 1987. Of the two planned buildings, only one was built. Its Modernist structure dominates the surrounding space and in outline resembles a book that is opened towards the Dnipro. At the time of its construction, this 93-metre-high hotel building was the second tallest in Kyiv and the tallest on the left bank. It has 25 residential storeys and several technical floors; this was at the time the maximum permitted number of storeys in the city.

Комплекс Київського національного університету імені Тараса Шевченка
Taras Shevchenko Kyiv National University complex

075 A

проспект Академіка Глушкова, 2–4
Akademika Hlushkova Avenue, 2–4
Вадим Ладний, Михайло Будиловський, Володимир Коломієць
Vadym Ladnyi, Mykhailo Budylovskyi, Volodymyr Kolomiiets (1973–1975, 1980-ті–2001 1980s–2001)

Корпуси Університету в Голосієві є одним із найкращих модерністських ансамблів Києва. Розширення комплексу Університету планувалось ще з 1954 року, але найактивніший період забудови випав на 1970-ті. Ансамбль споруд обличковано травертином, що надає йому

спільного кольорового рішення. У межах ансамблю споруджено 6 корпусів — фізико-математичний ліцей, корпус біологічного та географічного факультетів, а також — з'єднані переходами корпуси механіко-математичного факультету, факультетів кібернетики, фізики та радіофізики. Корпус фізичного факультету відкриває внутрішню площу та запам'ятовується своїми об'ємами, зокрема — навислим з південної частини об'ємом лекційних аудиторій. Корпуси радіофізичного, кібернетичного та механіко-математичного факультетів побудовані за однаковим проєктом і складаються з аудиторної частини, розташованої над входом, та лабораторних приміщень у 7-поверховій тиловій частині. Серед невтілених споруд — корпуси науково-дослідних інститутів, їдалень

та гуртожитків, актова зала, бібліотека, клубний студентський комплекс, торговельний і культурно-побутовий комплекс, корпус науково-дослідних робіт з майстернями та 18-поверхова будівля ректорату, що мала стати вертикальною домінантою ансамблю.

The buildings of the Taras Shevchenko Kyiv National University in Holosiiv constitute one of the city's best Modernist ensembles. The expansion of the university complex had been planned since 1954, but the most active period of its construction came in the 1970s. This ensemble of buildings is clad with travertine, giving it a uniform colour scheme. Of the planned ensemble, six buildings were realised: the physical and mathematical lyceum, a building housing the biological and geographical faculties, and buildings for the mechanics and mathematics faculty and the faculties of cybernetics, physics, and radio physics, which are connected by passages. The physics faculty building overlooks the inner square and is distinctive for its diverse volumes, in particular the volume containing the lecture halls, which forms an overhang on the building's south side. The buildings housing the radio physics, cybernetics, and mechanics-mathematics faculties were erected to an identical design and consist of an auditorium above the entrance and laboratory rooms in the seven-storey rear part. Unrealised parts of the project include buildings for scientific research institutes, dining halls and dormitories, an assembly hall, a library, a student club complex, a shopping and cultural and household complex, a building for scientific research with workshops, and an 18-storey rectorate building, which was to be the ensemble's principal vertical feature.

Комплекс Київського політехнічного інституту
Complex of Kyiv Polytechnic Institute
проспект Перемоги, 37
Peremohy Avenue, 37
Володимир Лиховодов Volodymyr Lykhovodov (1970—1980-ті 1970—1980s)

076 B

У період активної розбудови на теренах КПІ спорудили корпуси № 2, 7, 9, 20, 21, а також палац культури, бібліотеку, спорткомплекс, військовий корпус і центр харчування. Ці споруди утворюють один з найкращих модерністських ансамблів Києва. Обличкування травертином надає йому спільне кольорове оформлення. Була архітектурно сформована площа Знань, утворена ансамблем бібліотеки, корпусу № 7, палацу культури та центру харчування. За початковим проєктом усі ці будівлі мали бути поєднані за допомогою переходів, що здебільшого було реалізовано. Особливо цікавим є інтер'єр бібліотеки, що майже не зазнав змін. Корпус № 7, який поєднує цілу низку об'єктів, складається з висотної частини та стилобатної частини, де розташовані лекційні аудиторії з денним верхнім освітленням. Палац культури було розроблено як повноцінний концертний комплекс. На вулиці Політехнічній було споруджено комплекс корпусів № 20 і 21, які мали окремі об'єми для лекційних аудиторій, лабораторій і практичних занять, а також окремий висотний об'єм корпусу № 21. Також було зведено багатофункціональний спортивний комплекс, корпус військової підготовки та меблеву фабрику. На теренах КПІ утворилася ще одна архітектурно оформлена площа, домінантою якої став спорткомплекс. У 1991 році було розроблено проєкт подальшої розбудови комплексу, але його не було втілено.

During a period of active development, buildings nos. 2, 7, 9, 20, 21, as well as a palace of culture, a library, a sports complex, a military building and a food centre were built in the grounds of Kyiv Polytechnic Institute (KPI). These buildings form one of the city's best Modernist ensembles. Its travertine cladding gives this ensemble a uniform colour scheme. Architecturally, Knowledge Square consists of the library, building no. 7, the palace of culture, and the food centre. Under the initial project, all these buildings were supposed to be connected by passages; for the most part, this plan was implemented. The interior of the library, which has undergone hardly any changes, is particularly interesting. Building no. 7, which combines a plethora of structures, consists of an elevated part and a stylobate housing lecture halls supplied with natural light by skylights. The palace of culture was designed as a fully fledged concert complex. Nos. 20 and 21, the complex of buildings built along Politekhnichna Street, comprise separate volumes for lecture halls, laboratories, and practical classrooms, as well as a separate high-rise (building no. 21). A multifunctional sports complex, a military training building, and a furniture factory were also built on this site. The grounds of the KPI contain an additional square with a strong architectural design, dominated by a sports complex. In 1991 a proposal for the complex's further development was drawn up but not implemented.

Автобусний парк № 7
Bus Park no. 7
вулиця Бориспільська, 15
Boryspilska Street, 15
В. Зінькевич V. Zinkevych (1973)

077 G

Однією з найцікавіших споруд у київських промзонах є колишній автобусний парк № 7. Ця унікальна споруда має вигляд шатра діаметром 160 м, дах якого тримають конструкції, що провисають. Віссю шатра є циліндрична залізобетонна конструкція, яка використовується для вентиляції та має вихід на дах. У єдиному комплексі з автопарком споруджено адміністративну будівлю, що має на фасаді рельєфне зображення на автомобільну тематику та художні панно в інтер'єрі. з 2015 року автопарк не діє, унікальна споруда стоїть закинутою. Усередині неї та навколо зберігаються сотні поламаних автобусів та тролейбусів. Були невдалі спроби організувати перепрофілювання споруди на концертний майданчик.

One of the most interesting structures in Kyiv's industrial belt is the former Bus Park No. 7. This unique structure looks like an enormous tent (diameter: 160 metres) with a sagging roof. The tent's axis is a cylindrical structure of reinforced concrete which is used for ventilation and to provide access to the roof. The bus park complex also contains a car park and an administrative building. The latter has an interior featuring artistic panels and a façade with a relief on the theme of automobiles. The bus park has not been operational since 2015, and this unique building is now abandoned with hundreds of broken-down buses and trolleybuses standing inside and around it. There have been unsuccessful attempts to repurpose the building as a concert venue.

Oleksandr Burlaka

Крематорій
Crematorium
вулиця Байкова, 16
Baikova Street, 16
Авраам Мілецький, Володимир
Мельниченко, Ада Рибачук
Avraam Miletskyi, Volodymyr
Melnychenko, Ada Rybachuk
(1968–1981)

078 **D**

Крематорій є частиною меморіально-обрядового комплексу «Парк пам'яті», який був задуманий як єдиний архітектурно-скульптурний ансамбль. Окрім суто функціонального навантаження, тут планувалось створення терапевтичного середовища для тих, хто щойно втратив близьку людину. Автори намагались винайти підхід до процесу прощавання, який не спирався на традиційні релігійні обряди. Це досягалось серед іншого й футуристичними космічними формами. Бетонна будівля крематорію займає домінантне положення на вершині пагорба, має неповторну форму з криволінійними склепіннями високих залів. Неповторним є і дизайн деталей, зокрема дверей і вентиляційних шахт. Дороги, що ведуть від крематорію, були збудовані таким чином, щоб похоронні процесії не перетиналися одна з одною. Центральним елементом комплексу мала стати Стіна пам'яті завдовжки понад двісті метрів. Стіна мала складатись із низки художніх рельєфів, що фокусували увагу відвідувачів на нелегкій історії людства. У 1981 році майже готову Стіну було залито бетоном, але починаючи з 2018 року невеликі фрагменти композиції відкривають.

The crematorium on Baikova Street is part of the Memorial Park memorial complex, which was conceived as an architectural and sculptural ensemble. In addition to its purely functional purpose, the ensemble was intended to provide a therapeutic environment for those who have just lost a loved one. The authors set out to devise an approach to saying goodbye to the departed that would not rely on traditional religious rites. One way in which they achieved this was by using futuristic architectural forms. The concrete crematorium building occupies a dominant position on the hill and has a unique shape with curvilinear vaults containing high halls. The design of the details, in particular the doors and ventilation shafts, is also unique. The roads leading to and from the crematorium were built so that funeral processions would not cross each other's paths. The complex's central element was to have been a more-than-200-metre-long 'Wall of Memory' consisting of artistic reliefs depicting man's difficult history. In 1981 the almost finished wall was filled with concrete on the grounds that it contradicted the principles of Socialist Realism; since 2018, however, small parts of the composition have been opened up.

«Квіти України»
Flowers of Ukraine

`079 C`

вулиця Січових стрільців, 49
Sichovyh Striltsiv Street, 49
Микола Левчук Mykola Levchuk
(1983–1985)

Модерністична будівля «Квіти України» споруджувалась як найбільший у Києві магазин квітів, оранжерея і дослідна база. Споруда має висоту 21 метр і п'ять поверхів. Головний фасад будівлі вирішений у вигляді каскаду трьох засклених об'ємів, що забезпечувало оптимальну інсоляцію внутрішнього атріуму. Проєкт споруди було обрано на архітектурному конкурсі. Автор грамотно вписав споруду в навколишнє архітектурне середовище. Її висота точно відповідає висоті сусідніх будинків початку XX століття, а відступ головної частини фасаду від червоної лінії пом'якшує ріг вулиці, візуально розширюючи її. Фасад споруди оформлено травертином і прикрашено логотипом, а в інтер'єрі були люстрі і вітражі авторського дизайну. 2021 року споруду спробували зруйнувати, але небайдужі громадяни зупинили демонтаж і домоглись надання споруді статусу пам'ятки архітектури.

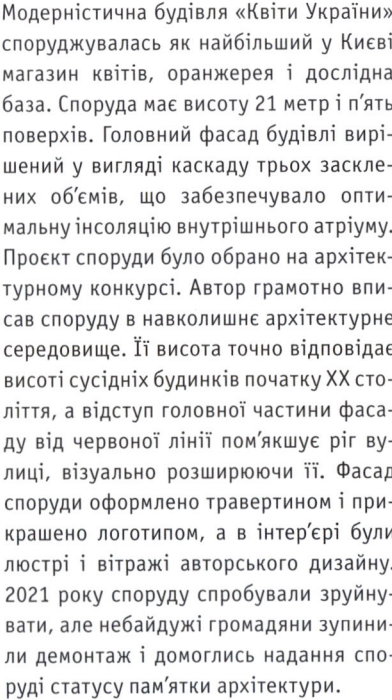

Five storeys and 21 metres high, the Modernist Flowers of Ukraine was built as the largest flower shop in Kyiv, a greenhouse, and a research base. Its main façade takes the form of a cascade of three glazed volumes, which ensure optimal insolation of the interior atrium. The design for this building was selected following an architectural competition. Flowers of Ukraine is competently integrated into the surrounding architectural environment: its height exactly corresponds to that of neighbouring buildings of the beginning of the twentieth century, and the main part of the façade steps back from the street edge so as to soften the corner of the street, visually expanding it. The façade is clad with travertine and decorated with a logo. The interior has chandeliers and stained-glass windows of the architect's own design. In 2021 an attempt was made to demolish the building, but concerned citizens stopped the demolition and succeeded in having the building declared an architectural monument.

Масив Русанівка
Rusanivka housing estate
Генріх Кульчицький,
Вадим Ладний
Henrikh Kulchytskyi,
Vadym Ładnyi (1962–1967)

080 G

Русанівка — перший у світі житловий масив на намитому ґрунті і перший у світі житловий масив на штучному острові. Навколо масиву, частково на місці старих озер, було прокладено однойменний обвідний канал завдовжки 2,7 км. На острів ведуть два пішохідні та три автомобільні мости. У західній частині острова залишилася прилегла до Дніпра ненамита ділянка, де було збережено природне середовище. Русанівка стала першим у Києві масивом без п'ятиповерхової забудови. До початку використання у 1965 році масової серії 1-КГ-480-12у більша кількість будинків зводилась або за проєктом 1-480, або за нетиповими проєктами, розробленими у Київпроєкті. Більшість будинків 1963–1964 років — 8-поверхові.

Для Русанівки було розроблено перший київський повторюваний проєкт 16-поверхового односекційного цегляного будинку. Пізніше на масиві також було застосовано серії БПС-6 і московську серію I-57/17, відому як «будинок на ніжках». Прикметно, що висотна забудова масиву, попри відсутність у початковому плані, розставлена дуже вдало, створюючи відповідні композиційні акценти в загальному ансамблі масиву з боку Дніпра та каналу.

Rusanivka is the world's first residential complex on reclaimed land and the world's first residential complex on an artificial island. A bypass canal of the same name, 2.7 kilometres long, was created around this district, partly on the sites of old lakes. Two footbridges and three automobile bridges lead to the island. In its western part there is an area of swampland adjacent to the Dnipro, where the natural environment has been preserved. Rusanivka was the first residential area in Kyiv to be built without recourse to five-storey

buildings. Before the mass housing series 1-KG-480-12u came into use in 1965, a large number of houses were built to the 1-480 design project or standard projects developed by Kyivproekt. Most of the buildings from 1963–1964 have eight storeys. The first project in Kyiv involving repetition of a 16-storey single-section brick building was developed for Rusanivka. Later, the BPS-6 series and the Moscow series I-57/17, known as the 'house on legs', were also used on this estate. Despite not being included in the initial plan, the high-rise buildings in this district have been placed very successfully, creating appropriate compositional accents in the general ensemble as seen from the Dnipro and the canal.

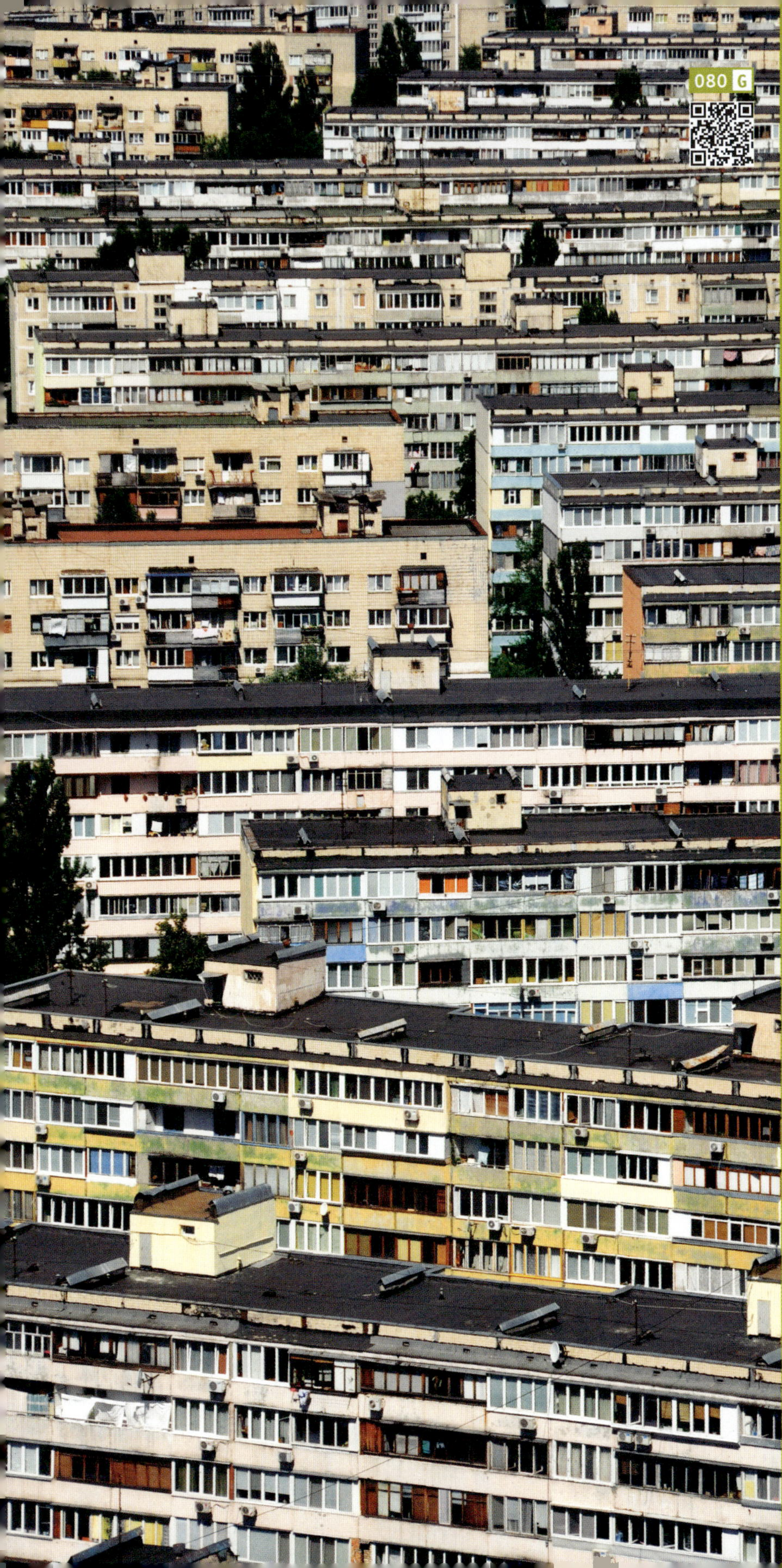
080 G

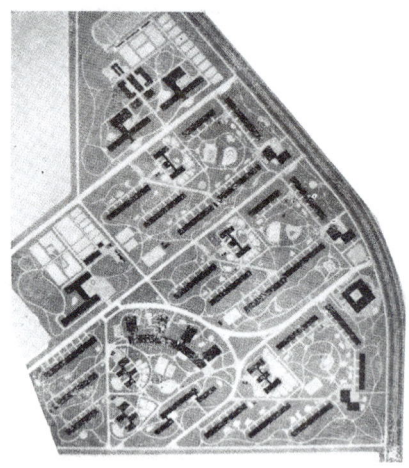

Північно-Броварський (Комсомольський) масив
North Brovarsky (Komsomolsky) estate

081 **G**

Михайло Гречина, Валентин Єжов, Ігор Жилкін, Олексій Заваров, Самуїл Вайнштейн, Ігор Мезенцев Mykhailo Hrechyna, Valentyn Yezhov, Ihor Zhylkin, Oleksii Zavarov, Samuil Vainshtein, Ihor Mezentsev (1963–1975)

Експериментальний житловий масив було споруджено в результаті архітектурного конкурсу, що було нетипово для київської практики. Це був один з перших масивів Києва, що забудовувався за мікрорайонною, а не квартальною структурою. Під час першої черги забудови вперше з доби конструктивізму будинки споруджувались під кутом до меридіану, що потрібно було для кращої інсоляції. Серед забудови масиву є експериментальні проєкти житлових будинків. Тут є панельна 5-поверхівка з панелями на два вікна за проєктом Дмитра Яблонського (вулиця Юності, 6) та перша в УРСР панельна 12-поверхівка (вулиця Космічна, 4). У 1973–1975 з 12-поверхових секцій серії 1-464-52/1 був споруджений 24-секційний будинок на 1152 квартири (третій за цим показником у Києві). Будинок має дві адреси — Андрія Малишка, 3 та Дарницький бульвар, 7. На відміну від стандартного розміщення шкіл усередині мікрорайонів тут усі 3 школи масиву зосереджені поруч, у «шкільному містечку». Дві з них побудовані за експериментальними проєктами і прикрашені витворами монументального мистецтва. Мозаїчні панно наявні на фасадах громадських споруд та під'їздах житлових будинків.

North Brovarsky is an experimental housing estate built, unusually for Kyiv, following an architecture competition. This was one of the first residential districts in Kyiv to have a structure based on the micro-district as opposed to the conventional city block. The first stage of construction involved houses being placed at an angle to the meridian for the first time since the era of Constructivism; the purpose was to provide better insolation. Experimental design projects on this estate include a five-storey panel building with two-window panels designed by Dmytro Yablonsky (6 Yunosti Street) and the first 12-storey panel building in the Ukrainian SSR (4 Kosmichna Street). In 1973–1975 a 24-section building containing 1152 apartments was built from the 12-storey sections of series 1-464-52/1 (the third largest house in Kyiv by number of apartments). This building has two addresses: 3 Andriia Malyshka and 7 Darnytskyi Boulevard. Unlike how schools were usually positioned in micro-districts, here all three of the district's schools are next to one another, in a kind of 'school city'. Two were built to experimental designs and decorated with works of monumental art. There are mosaic panels on the façades of the public buildings and at the entrances to the residential buildings.

Масив Виноградар
Vynogradar housing estate
Едуард Більський
Eduard Bilskyi (1972–1989)

082 A

Масив створювався як якісне середовище для проживання, роботи та відпочинку, яке задовольняло б не тільки матеріальні, а й естетичні потреби мешканців. Автору вдалося не лише точно акцентувати природні особливості та рельєф, а й передати власний творчий почерк, надати району відчуття індивідуальності в умовах стандартизації та типізації житлового будівництва. у композиції забудови поєднувалися послідовності й контрасти. У житлових групах довгі будинки вдало поєднані з точковими, прямі — з криволінійними. У типову забудову влучно вкраплені спеціально запроєктовані будинки, житлові секції-вставки тощо. Типові будинки урізноманітнювались індивідуальними прибудовами торговельного та побутового призначення. Важливим елементом композиції масиву стала мережа пішохідних бульварів і доріжок, ізольованих від проїжджої частини вулиці. Масив був колористично збагачений декоративною скульптурою та елементами монументального мистецтва. Центральною громадською спорудою масиву мав стати п'ятизальний кінотеатр з додатковими громадськими приміщеннями, також відомий як палац культури «Виноградар». Для нього була виділена ключова перспективна точка на пішохідному бульварі між першим та другим мікрорайонами. Його будівництво тривало з 1989 до 1993 року і зупинилось за готовності 60–65 %.

1989

Created as a high-quality environment in which to live, work, and relax, the Vynogradar estate aimed to satisfy residents' aesthetic as well as material needs. The architect succeeded in neatly emphasising the site's natural features and relief and conveying his own creative style, while also giving the district a sense of individuality despite the tendency for standardisation and typification of housing construction. Sequences and contrasts were combined in the composition of the buildings. The groups of buildings successfully combine long houses with tower-like ones and straight houses with curved ones. Custom-designed houses, residential section-inserts, etc. were skilfully interspersed with standardised construction. Standard design projects were diversified with individual extensions housing retail functions and other amenities. A network of pedestrian boulevards and paths, separated from the roads, became an important element in the district's composition. The estate was colourfully enriched with decorative sculpture and elements of monumental art. The district's central public building was to have been a five-storey cinema with additional public facilities, known as the Vynogradar Palace of Culture. For this a site occupying a key position on the pedestrian boulevard between the first and second micro-districts was selected. Construction was carried out from 1989 to 1993 before being stopped when it was 60–65% complete.

Масив Вигурівщина–Троєщина

083 A

Vygurivshchyna–Troyeshchyna estate

Юрій Паскевич, Григорій Слуцький, Євгеній Фролов, Микола Дьомін, Валентин Єжов, Вадим Гопкало, Георгій Гуренков, Вадим Гречина, Володимир Коломієць, Всеволод Суворов та інші.
Yurii Paskevych, Hryhorii Slutskyi, Yevhenii Frolov, Mykola Diomin, Valentyn Yezhov, Vadym Hopkalo, Heorhii Hurenkov, Vadym Hrechyna, Volodymyr Kolomiiets, Vsevolod Suvorov et al.
(1983–2007)

Найбільший у Києві масив планувався в складі двох житлових утворень — східного (на місці села Вигурівщина) і західного (на місці села Троєщина). Східне утворення мало дугоподібну форму, західне — форму неповного кола. Утворена мережа радіальних вулиць зводилась у центр західного житлового утворення, яке планувалось композиційним акцентом забудови всього масиву. Масив відомий своєю кольорово-графічною композицією, що найкраще виражена у мікрорайонах першої черги. В оформленні будинків застосовано прийом суперграфіки, що підкреслює вертикальні та горизонтальні площини, композиції із різних секцій та окремих будинків. Різні мікрорайони мають різну кольорову гаму. Має масив і свої витвори монументального мистецтва, що тяжіють до центрів громадського обслуговування. Мікрорайони масиву мають цікаву композиційність постановки будинків. Утворені симетричні ансамблі, повторювані композиції і навіть постановка будинків колом, що нагадує Стоунхендж. Попри незавершеність будівельних планів масив найбільший у Києві. Неповноцінним є його транспортне сполучення — за 40 років тут так і не побудували метро, а швидкісний трамвай сполучає мікрорайони масиву лише між собою та зі станцією електрички.

The largest residential district in Kyiv was planned as a composition of two residential areas: an eastern part (on the site of Vygurivshchyna) and a western part (on the site of Troyeshchyna). The eastern formation is arc-shaped; the western one, almost circular. The network of radial streets converges on the centre of the western residential formation, which was planned as a compositional accent for the entire district. Vygurivshchyna-Troyeshchyna is known for its chromatic and graphic design, best expressed in the early micro-districts here. The buildings are notable for supergraphics, an approach which emphasises vertical and horizontal planes and compositions comprising different sections and buildings. Different micro-districts have different colours. The district also contains works of monumental art, concentrated near the centres offering public services. The micro-districts in this district have interesting arrangements of houses. Here you find symmetrical ensembles, repetitive compositions, and even houses arranged in a circle reminiscent of Stonehenge. The original development plan was not realised in full; nevertheless, this residential district is the largest in Kyiv. Its transport connections are poor: in 40 years no metro has been built here, and the high-speed tram connects this district's micro-districts only with each other and the train station.

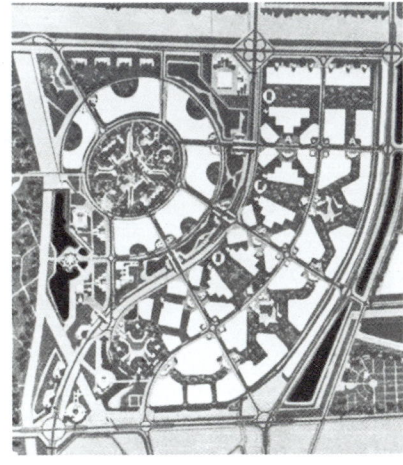

Масив Теремки–1
Teremky-1 estate

084 A

Федір Боровик, Валентин Єжов,
Олексій Заваров, Володимир
Іріскін Fedir Borovyk, Valentyn Yezhov,
Oleksii Zavarov, Volodymyr Iriskin
(1984–1990)

Забудова території сучасного масиву Теремки почалася ще на початку 1960-х з декількох 5-поверхових «хрущовок», але активна забудова масиву відбулась уже в 1980-х. У північній частині масиву споруджять дев'ять 16-поверхівок нової серії Т-1. У південній — відомі будинки-фрактали, що є результатом пошуку нового бачення цілісності та безперервності житлової структури, вираженої у вигляді єдиного оригінального архітектурного ансамблю. На проспекті Академіка Глушкова споруджено будинок завдовжки 641 метр (938 м — з розгалуженнями), що містить 29 секцій і 1 936 квартир і є сьомим в Україні за довжиною. Другий будинок, споруджений на вулиці Академіка Заболотного, має довжину 1 246 метрів (з розгалуженнями — 2 128 метрів), що робить його другим за довжиною в Україні і першим у Києві. Будинок має 68 секцій та 4 496 квартир, а проживає в ньому 12,6 тисяч осіб. У композиції будинків спостерігається каскадна організація ансамблю — з використанням базової серії КТ 12-16 споруджуються 12-, 14-, 16-, 18- та 21-поверхові секції. Саме тут було вперше застосовано трипроменеві блок-секції з кутом повороту 120 градусів. З трьох сторін до цих секцій приєднувались стандартні секції серії КТ, що й утворило фрактальну структуру будинку.

Development of the territory of the Teremky-1 residential district began in the early 1960s with the construction of several five-storey *khrushchevkas* (houses typical of the era of Nikita Khrushchev), but only really got underway in the 1980s. In the northern part of this district, nine 16-storey buildings from the new T-1 series were built. In the south there are well-known fractal houses, which show the quest for a new vision of integrity and continuity of residential structure, expressed in the form of a single architectural ensemble. A 641-metre-long (938-metre-long if branching elements are taken into account) building was erected on Akademik Hlushkov Avenue. This contains 29 sections and 1936 apartments and is the seventh longest house in Ukraine. A second building, erected on Akademik Zabolotny Street, has a length of 1246 metres (2128 metres including branches), which makes it the second longest in Ukraine and the longest in Kyiv. This has 68 sections and 4496 apartments; 12,600 people live in it. The buildings in this ensemble have been arranged as a cascade. The KT 12-16 project was used as the basis for construction of sections with 12, 14, 16, 18, and 21 storeys. Here use was for the first time made of three-bay block sections joined together at an angle of 120 degrees. Standard sections from the KT series were added to these sections on three sides to form the house's fractal structure.

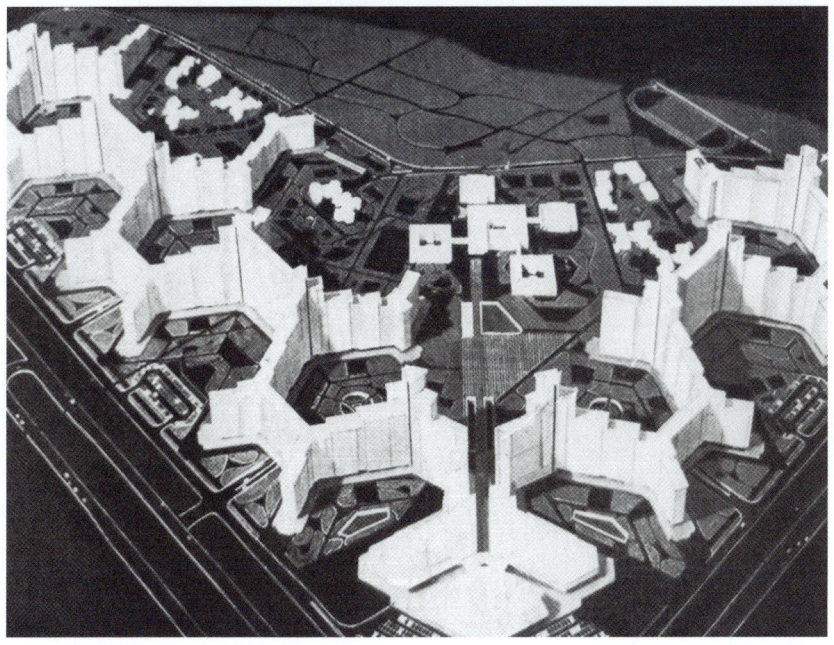

1925–1933
1934–1941
1945–1958
1959–1991
1992–2023

pastvu.com

Апаратно-студійний комплекс телецентру
Hardware and studio complex for the TV centre

085 A

вулиця Юрія Іллєнка, 42
Yuriia Illienka Street, 42
Олександр Комаровський,
Едуард Сафронов, Олександр Зибін,
Володимир Гаврилюк, Юрій Мельничук
Oleksandr Komarovskyi, Eduard Safronov,
Oleksandr Zybin, Volodymyr Havryliuk,
Yurii Melnychuk (1983–1992)

Київський телецентр проєктувався як резервний основний у СРСР на випадок виходу з ладу Московського телецентру. Будівлю почали зводити ще за СРСР, у 1983 році, хоча планували ще в 1960-ті. Через обмежене фінансування будівництво було завершено вже за незалежної України. Формально споруда залишається недобудованою — приміщення концертної студії досі не закінчене, а замість головного входу функціонує боковий. Конструкція висотної частини будівлі — чотири наріжні монолітні вежі зі сходами та дві внутрішні центральні вежі з ліфтовими шахтами, які об'єднані та пов'язані між собою поверхами зі стрічковим склінням на сталевих 20-метрових балках. Така конструктивна схема вочевидь запозичена з будівлі Knights of Columbus Building, спорудженої у 1969 році в місті Нью-Гевен, штат Коннектикут, США. Дах висотної будівлі перекритий заскленою пірамідою з металевих конструкцій, якої не було в початковому проєкті. Окрім висотної споруди, телецентр у малоповерховій частині має 8 телевізійних студій, 14 залів для репетицій, 17 відеоапаратних комплексів, 4 кінозали і кіноконцертний зал на 450 посадочних місць.

Kyiv TV Centre was designed to be the USSR's main backup TV centre in the event of failure of the TV centre in Moscow. Construction started in 1983, although the original plans date to the 1960s. Due to difficulties in obtaining finance, the project was only completed after Ukraine had acquired its independence. Formally, the building remains unfinished: a concert studio has yet to be completed, and a side entrance functions instead of the main entrance. The high-rise part of the

building consists of four corner mono-lithic towers with staircases and two central inner towers with elevator shafts connected by floors with ribbon glazing supported by 20-metre steel beams. This structural scheme has obviously been borrowed from the Knights of Columbus Building, which was built in the city of New Haven, Connecticut in 1969. The roof of the high-rise building is covered with a glazed pyramid, which was not in the original project. In addition to the high-rise building, the TV centre comprises eight television studios, 14 rehearsal rooms, 17 video equipment complexes, four cinema halls, and a cinema concert hall with 450 seats in its low-rise part.

Троїцький храм
Trinity Church
вулиця Митрополита
Володимира Сабодана, 2-Б
Mytropolyta Volodymyra Sabodana
Street, 2-B
Вадим Гречина, Ірина Гречина Vadym
Hrechyna, Iryna Hrechyna (1990 – 1997)

086 A

Троїцький храм — найбільш вдала історична стилізація українського бароко серед сучасної архітектури Києва. Запроєктований на початку 1990-х, храм вдало передає пропорції та архітектурні елементи храмової архітектури України кінця XVII — початку XVIII століття. П'ятикупольний хрестовидний храм створений за зразком храмів Київщини і Чернігівщини, зокрема Георгіївського собору Видубицького монастиря в Києві та Катерининської церкви у Чернігові. Двоярусна дзвіниця не має однозначного прототипу, але віддалено нагадує дзвіницю Єлецького монастиря в Чернігові. Комплекс розміщений між селом Троєщиною і житловим масивом Вигурівщина-Троєщина, на штучному пагорбі. Завдяки такому розташуванню він має ефектний вигляд з відстані і не губиться серед висотної

забудови житлового масиву. Сусідні з храмом мікрорайони масиву також розробляв архітектор Вадим Гречина.

Trinity Church is the most successful example of modern historical stylisation in the Ukrainian Baroque style in Kyiv. Designed in the early 1990s, it successfully conveys the proportions and architectural elements of Ukrainian ecclesiastical architecture of the late-seventeenth and early-eighteenth centuries. The five-domed cruciform church was modelled after churches in the Kyiv and Chernihiv regions, in particular St. George's Cathedral at the Vydubysky Monastery in Kyiv and St. Catherine's Church in Chernihiv. The two-tiered belfry does not have a clear prototype but vaguely resembles the bell-tower of Yeletsky Monastery in Chernihiv. The church complex is located on an artificial hill between the village of Troeshchyna and Vygurivshchyna-Troeshchyna housing estate. Its location gives it a spectacular appearance from a distance and prevents it getting lost among the high-rise buildings on the residential estate. The micro-districts on the residential district adjacent to Trinity Church were also designed by Vadym Hrechyna.

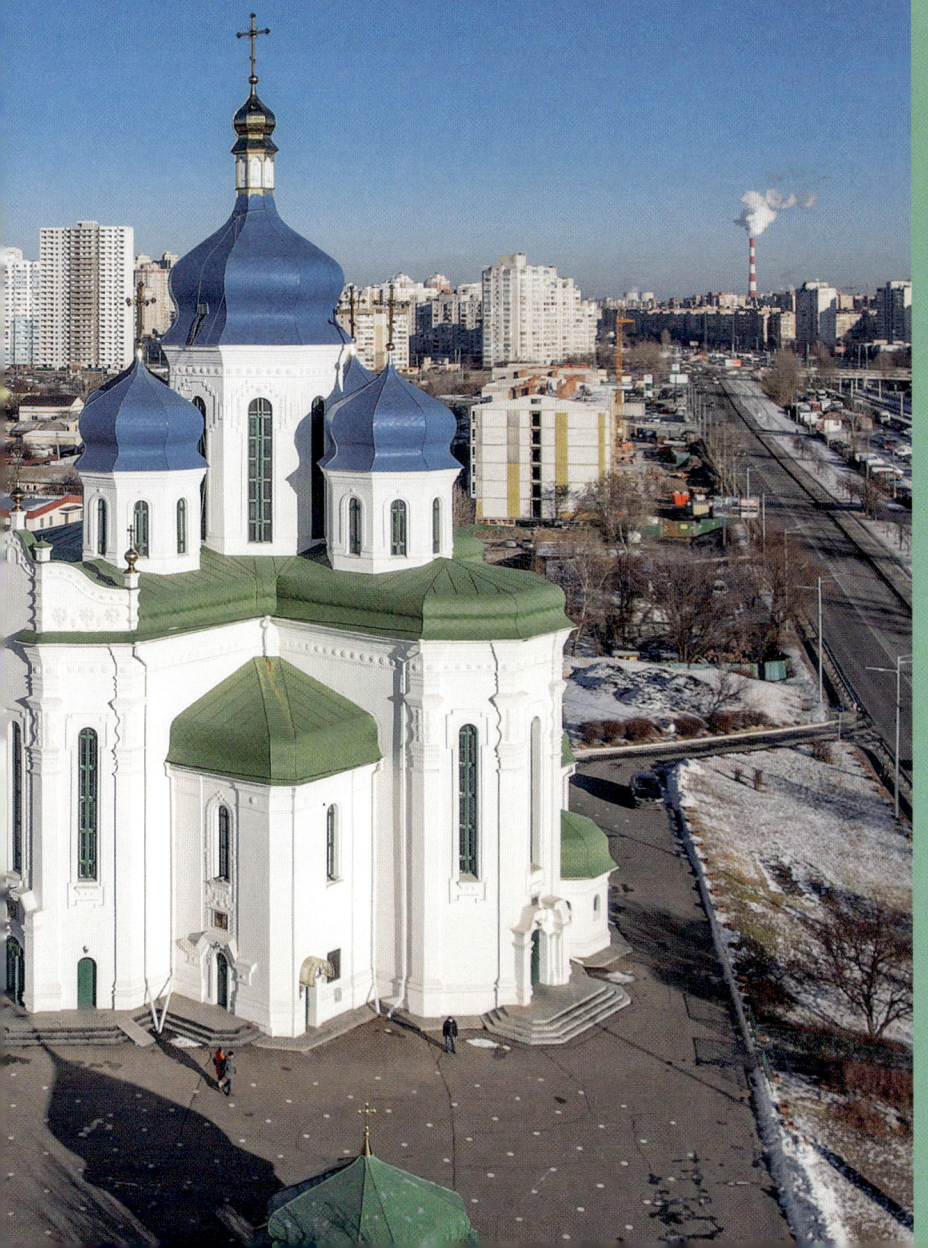

Воздвиженка
Vozdvyzhenka

Володимир Шкрогаль, Сергій Штуков, Андрій Подольський, Ірина Висоцька, Яків Дегтяр, Олександр Колесников *Volodymyr Shkrogal, Serhii Shtukov, Andrii Podolskyi, Iryna Vysotska, Yakiv Dehtiar, Oleksandr Kolesnykov* (2003–2012, 2015–2021)

087 C

Житловий район Воздвиженку було споруджено в історичній місцевості Гончарі-Кожум'яки. На місці старого ремісничого селища, яке було представлене малоповерховою забудовою, було зведено комплекс псевдоісторичних будинків, що імітує історичний центр міста. Деякі споруди за стилістикою повторюють забудову Києва кінця XIX — початку XX століття. Проте значна частина виглядає, як кіч, має не характерні для історичної забудови пропорції та елементи, а забудова другої черги — ще й не притаманну історичній забудові висотність. Забудова є дуже щільною, будинки не мають внутрішньодворового простору. У районі немає озеленення, інфраструктури та громадських просторів, окрім невеликої площі в центрі. Через ці незручності та високі ціни нерухомість тут не має попиту — попри наявність деяких офісів та кількох ресторанів, люди тут не живуть.

Philipp Meuser

Vozdvyzhenka, a complex of pseudo-historical buildings imitating the city's historical centre, was built on the site of an old low-rise craftsmen's village in Honchari-Kozhumyaki. Some of the buildings here stylistically echo houses built in Kyiv at the end of the nineteenth and beginning of the twentieth centuries. A large part of this complex, however, looks kitsch, has poor proportions, and includes elements that are not characteristic of historical buildings. The second stage of the project has been built too high to have a historical origin. The development is very dense, and the houses have no courtyard spaces. Furthermore, the neighbourhood has no greenery, infrastructure, or public spaces, except for a small square in the centre. These inconveniences and high prices have shrunk demand for real estate here: despite the presence of offices and a few restaurants, this is not somewhere where people want to live.

Philipp Meuser

Oleksandr Burlaka

Посольство Нідерландів
Netherlands Embassy

088 C

Контрактова площа, 7
Kontraktova Square, 7
Ательє PRO Atelier PRO (Hans van
Beek, Rene Souverijn, Dorte Kristensen)
(2000–2001)

Нідерланди стали першою країною, яка в часи незалежності України спорудила нову будівлю для свого посольства. Для будівництва було обрано єдину ділянку на Контрактовій площі, вільну з часів Другої світової війни. Чотириповерхова будівля посольства повторює дугоподібний план попередника і співрозмірна масштабу сусідніх будівель. Фасад обличковано натуральним каменем пісочного кольору. Водночас будівля не претендує на псевдоісторизм: фасад позбавлений декорацій і навіть не має єдиного ритму вікон, які на кожному поверсі відрізняються. Дворовий фасад будинку значною мірою прозорий, що дає більше світла всередину.

The Netherlands became the first country to build a new building for its embassy following Ukraine's acquisition of independence. The site on Kontraktova Square chosen for construction had been vacant since the Second World War. The four-storey embassy building repeats the arced floor plan of its predecessor and is commensurate with the scale of neighbouring buildings. The façade is clad with sand-coloured natural stone. At the same time, the building does not pretend to be pseudo-historical: the façade has no decoration and does not even have a uniform rhythm of windows: the positioning of the windows is different on each floor. The building's courtyard façade is largely transparent, admitting more light into the interior.

Philipp Meuser

Посольство Німеччини
Embassy of the Federal Republic of Germany

089 C

вулиця Богдана Хмельницького, 25
Bohdana Khmelnytskoho Street, 25
Martini+Grossman architects
(2000–2002)

Oleksandr Burlaka

Через дуже малий розмір будівлі, в якій розміщувалося дипломатичне представ-ництво Німеччини в Україні, було ви-рішено побудувати нову споруду, для чого у 1999 році було проведено кон-курс, який виграло архітектурне бю-ро Martini+Grossman з німецького міста Розенхайм. Вони запроєктували просту кубічну будівлю зі світлим фасадом з на-турального каменю. Будівля контрастує з історичним середовищем Оперного театру, проте, на відміну від популяр-них у ті роки псевдоісторичних споруд, є співмірною масштабу забудови. Ядром будівлі є атріум на всю висоту спору-ди, навколо якого організовані основні функціональні площі. Вхід до приміщен-ня розташований зі сторони внутрішньо-го двору, а озеленений двір функціонує як зона очікування.

The German diplomatic mission in Ukraine had been housed in a very small building, so it was decided to build a new one. The competition held in 1999 was won by Martini+Grossman from the German city of Rosenheim. The architects designed a simple cubic building with a light-coloured façade clad with natural stone. This build-ing contrasts with its historical set-ting (the Opera House); however, un-like the pseudo-historical buildings that were popular at this time, the Germany Embassy is commensurate with the scale of its surroundings. The building's core is a full-height atrium around which the main functional areas are organised. The entrance is located on the courtyard side; the landscaped courtyard func-tions as a waiting area.

Театр на Подолі
Theatre in Podil
Андріївський узвіз, 20
Andriivskyi Descent, 20
Віталій Юдін Vitalii Yudin
(2005–2010 оригінальний проєкт
original design),
Олег Дроздов Oleh Drozdov
(2015–2017 перебудова redesign)

090 C

Театр на Подолі — унікальний для Києва випадок редизайну будівлі в процесі спорудження. Спочатку споруду почали будувати за проєктом Віталія Юдіна. Псевдоісторична архітектура імітувала сусідні будинки, проте сильно відрізнялась від них масштабом. Будівлю було майже завершено, але її дуже швидко перебудували за проєктом Олега Дроздова. Театр отримав форму сучасної архітектури, перший поверх ритмічно наближений до сусідніх будинків, а величезна сценічна надбудова вирішена у вигляді чорного куба. Інтер'єр театру також було переоформлено в лаконічному ключі. Споруда театру викликала неабиякий резонанс: театр є цікавим зразком сучасної архітектури, але водночас він немасштабно втручається в історичне середовище, а його будівництво, за висновком спілки архітекторів, порушує низку законів про містобудування.

Podil Theatre is a unique case for Kyiv of a building which was redesigned during the process of its construction. Initially, the theatre was built to a project by Vitalii Yudin. The pseudo-historical architecture imitated neighbouring houses but was very different from them in scale. When the building was almost complete, the design project was changed for a design in a modern style by Oleh Drozdov. The ground floor is rhythmically close to its neighbouring buildings; the enormous superstructure containing the stage has been designed in the form of a black cube. The interior was also redesigned in an understated style. The theatre's construction proved highly controversial: although an interesting example of modern architecture, it interferes with the surrounding small-scale development, and, according to the union of architects, its construction violated several laws on urban planning. Oleh Drozdov's radical transformation of the original design has, however, made him internationally well known. Furthermore, this theatre project represents something of a turning point in contemporary Ukrainian architecture – a move away from the Eclectic style to an architectural language that is modern and self-confident.

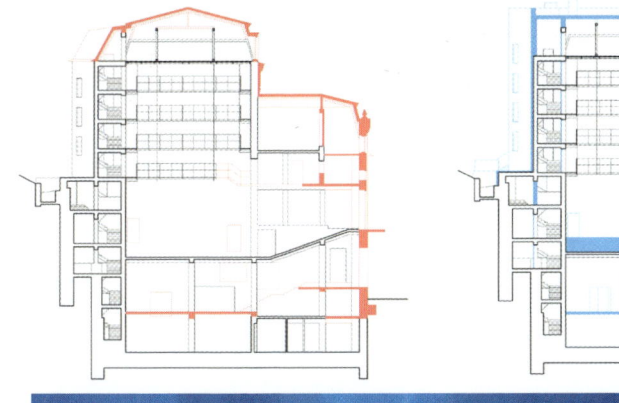

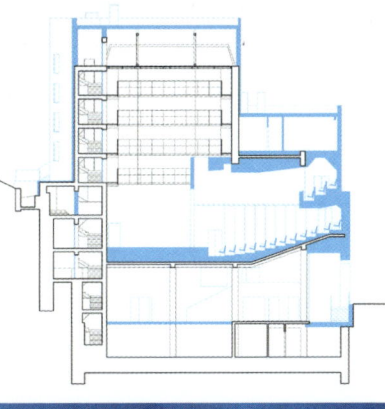

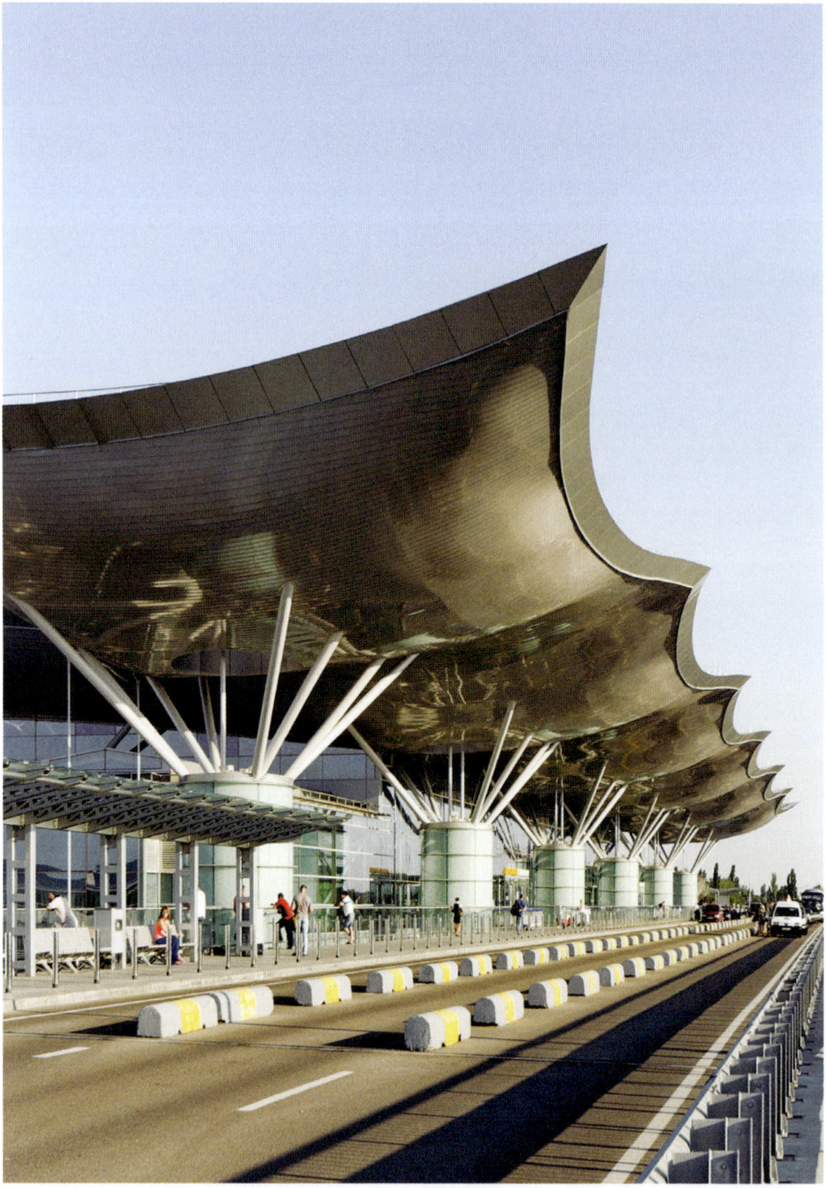

Oleksandr Burlaka

Wikipedia/Gnesener 1900

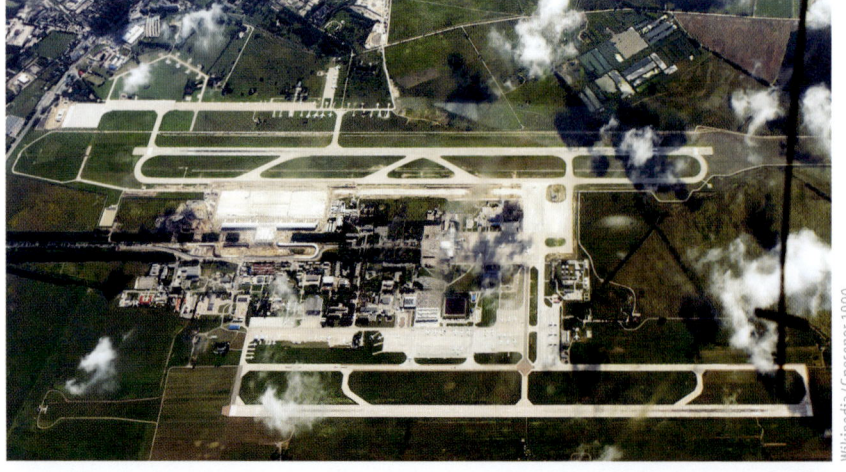

Arne Müseler

Термінал D аеропорту Бориспіль

091 **A**

Boryspil Airport Terminal D
Japan Airport Consultants Inc.
(2008–2012)

Через проведення в Польщі та Україні чемпіонату Європи з футболу 2012 року гостро постало питання давно очікуваного розширення київського аеропорту «Бориспіль». Новий термінал потрібно було встигнути побудувати у доволі стислі часові проміжки. Для цього було вирішено використати міжнародний досвід. Japan airport consultants inc відповідає за базову концепцію, а нідерландська компанія Vanderlande industries — за систему транспортування багажу, що є ключовим елементом кожного сучасного аеропорту. Архітектурний вигляд терміналу задає виразний навіс з боку міста, що накриває зону висадки пасажирів з транспорту. Навіс має вигляд парасолькових елементів на деревоподібних конструкціях. У 2014 році термінал D аеропорту «Бориспіль» посів друге місце в рейтингу «Найкращих аеропортів Європи».

The 2012 European Football Championship was held in Poland and Ukraine, which necessitated a long-awaited expansion of Kyiv's Boryspil airport. The new terminal had to be built in a relatively short period of time, so recourse was had to international experience. Japan airport consultants inc. was entrusted with the basic concept, and the Dutch company Vanderlande Industries was responsible for the baggage-transportation system, a key element in any modern airport. The terminal's architectural style takes its cue from the distinctive canopy on the side facing the city. Providing cover for the area where passengers disembark from the vehicles that have brought them, the canopy resembles parts of an umbrella supported by tree-like structures. In 2014 Terminal D at Boryspil Airport took second place in the annual 'Best Airports in Europe' awards.

Oleksandr Burlaka

«Корони»
Korony

вулиця Княжий затон 21 і
вулиця Срібнокільська, 1
Kniazhyi Zaton Street, 21 and
Sribnokilska Street, 1
Сергій Варивода Serhii
Varyvoda (2007 вулиця Княжий затон, 21
Kniazhyi Zaton Street, 21), (2008 вулиця
Срібнокільська, 1 Sribnokilska Street, 1)

092 A

Будівельні правила, що існують у Києві, обмежують стандартне житлове будівництво висотою в 73,5 метри: це пов'язано з максимальною довжиною пожежної драбини. Будівлі, що споруджуються, — чи це типовий, чи індивідуальний проєкт — мають відповідати цим обмеженням. Але деякі будівлі обходять ці обмеження. Такими стали дві «Корони» на житловому масиві Позняки. Будівлі заввишки 128 метрів мають 37 поверхів і увінчені декоративними надбудовами — «коронами». Обидва будинки мають каскадну структуру і складаються з бічних секцій висотою 25 поверхів і центральної висотою 37 поверхів. Через таку висоту, на яку не можуть дістати пожежні драбини, будинок має додаткові зовнішні сходи й обхідні кільцеві балкони. Попри надзвичайно велику кількість житлових квартир у 37-поверховій секції всього 4 ліфти. Будинки є візуальними домінантами Позняків і відображають київську архітектуру 2000-х. На момент спорудження це були найвищі житлові будинки Києва.

Kyiv's building regulations limit stand-ard residential construction to a height of 73.5 metres – the maximum that fire-fighters can reach using ladders. Whether they are standard designs or one-off projects, new buildings must comply with these restrictions. Nevertheless, there are a few buildings that bypass the regulations. They include the two 'crowns' in the Poznyaki housing estate. These 128-metre-high buildings have 37 floors and are crowned with decorative super-structures – 'crowns'. Both have a cas-cade structure and consist of side sec-tions with 25 storeys and a central sec-tion with 37 storeys. Due to their height, which cannot be reached by firemen's lad-ders, these houses have additional exter-nal stairs and circular balconies. Despite the extremely large number of residential apartments in the 37-storey section, there are only four elevators. The buildings are visual landmarks in Poznyaki and reflect the Kyiv architecture of the 2000s. At the time of their construction, they were the tallest residential buildings in Kyiv.

ЖК «Сонячна брама»
Soniachna Brama
residential complex
вулиця Ломоносова, 73–75
Lomonosova Street, 73–75
Володимир Шевченко
Volodymyr Shevchenko
(2006–2014)

093 A

У 1990–2000-х роках будівництво в Києві було представлене двома загальними підходами. Першим було властиве житловим масивам будівництво будинків і груп будинків за типовими проєктами, багато з яких застосовували панельні технології. Другим було точкове будівництво за індивідуальними проєктами, коли будинок потрібно було вписувати в ділянку. Житловий комплекс «Сонячна брама» став зразком іншого підходу — будівництва групи багатоповерхових будинків у вигляді єдиного симетричного ансамблю. Будинки об'єднані спільним дизайном фасадів і колористичним рішенням. У центрі композиції розташоване велике кільце, оточене дугоподібними фасадами житлових корпусів. Центральну частину композиції займає секція підвищеної поверховості, навпроти якої міститься розрив, що йде єдиною лінією до головної алеї Виставкового центру і певним чином відповідає цьому ансамблю. Комплекс споруджено на території, що тривалий час була в резерві для перспективного розвитку Університету. Комплекс, який займає велику територію, огороджений парканом, що створює труднощі для мешканців навколишніх будинків.

In the 1990s and 2000s construction in Kyiv was represented by two general approaches. The first was to build houses and groups of houses to standard designs, mainly in large housing estates; many of these were developed using technologies of prefabricated construction. The second was infill development employing one-off design projects: houses were fitted into existing spaces in the urban structure. The Sunny Gate residential complex is an example of a third approach: the construction of a group of multi-storey buildings in the form of a single symmetrical ensemble. The buildings are united by a shared façade design and colour scheme. In the centre of the composition is a large ring surrounded by the arched façades of residential buildings. The central part of this composition is occupied by a taller section, opposite which is a rupture that runs in a straight line to the main avenue of the Exhibition Centre and in a sense corresponds to this ensemble. The complex was built on a large parcel of land which was for a long time held in reserve for the future development of the university. It is surrounded by a fence; this creates difficulties for residents of the surrounding buildings.

ЖК «Тріумф»

Triumph residential complex
вулиця Звіринецька, 59
Zvirynetska Street, 59
Сергій Бабушкін Serhii Babushkin
(2008)

094 **E**

Монолітно-каркасний трисекційний будинок має дві 26-поверхові вежі, які на рівні 17–19 поверхів з'єднані переходом (пізніше перехід був надбудований ще одним поверхом). Такий прийом у київському висотному будівництві вперше застосовано саме тут. Нестандартним є і дизайн даху будинку: обидві вежі мають увігнутий дах, що виступає за межі стін і ефектно завершує силует. Такого завершення не має жоден інший будинок Києва. Частина фасаду має суцільне скління. Будинок поставлено на вершині Бусової гори, завдяки чому його гарно видно з різних сторін. У 2008 році на конкурсі CNBC Europe & Africa Property Awards будинок було визнано найкращою висотною нерухомістю в Україні.

This three-section, monolithic frame building comprises two 26-storey towers, connected by a passage at the level of the seventeenth to nineteenth floors (this passage was subsequently extended by another floor). This was the first use of this motif in high-rise construction in Kyiv. The design of this building's roof is also non-standard: both towers have a concave roof that protrudes beyond the walls and contributes to the impressive silhouette. No other building in Kyiv has such a top part. Part of the façade has continuous glazing. The house stands on Busov Hill, making it clearly visible from different angles. In 2008 Triumph was recognised as the best high-rise property in Ukraine at the CNBC Europe & Africa Property Awards.

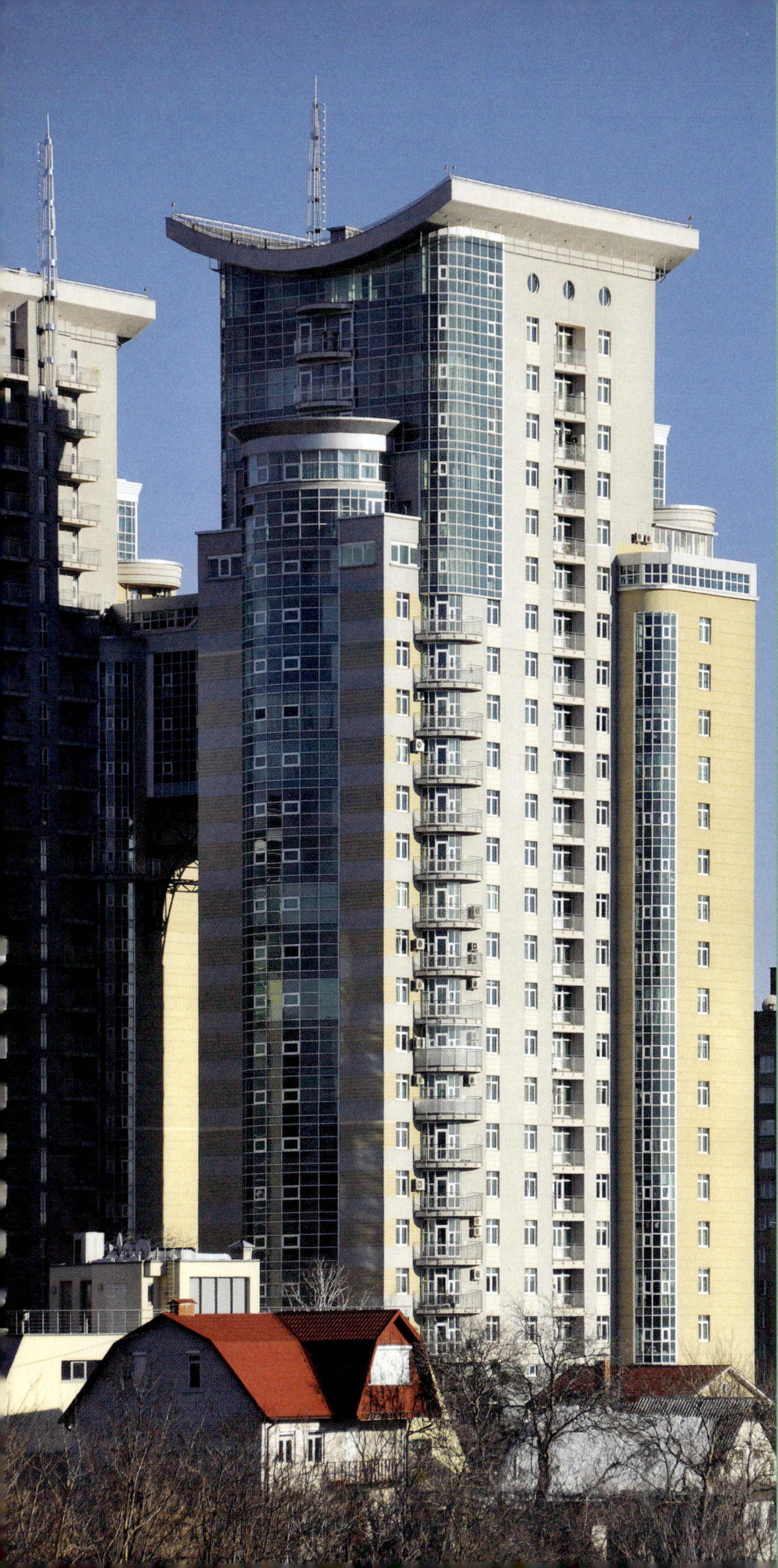

ЖК «Рів'єра ріверсайд»
Riviera Riverside
residential complex
вулиця Раїси Окіпної, 18
Raisy Okipnoi Street, 18
Андрій Пашенько Andrii Pashenko
(2008–2010)

095 G

Житловий будинок преміумсегменту став одним з перших у Києві житлових будинків із частково скляним фасадом. Він також став першою в Києві новобудовою, де власникам квартир юридично заборонено склити балкони, змінювати віконні рами або вносити будь-які інші зміни у фасад. Будинок споруджено на узбережжі Дніпра, на ділянці, де у 1980-х хотіли збудувати готель «Інтурист». Фасад будинку вдало поєднується з водним дзеркалом Дніпра, на березі діє однойменний яхтклуб. Будинок має симетричне планування секцій, кількість поверхів у яких збільшується в центральній частині

споруди. На першому поверсі розміщені офіси та просторі холи — один хол на дві житлові секції.

This premium-class residential building was one of the first houses in Kyiv to have a partially glass facade. It was also the first new building in Kyiv in which the apartment owners were legally prohibited from glazing balconies, changing the window frames, and making other changes of any kind to the façade.

The house was built on the bank of the Dnipro, on a site where in the 1980s there were plans to build an Intourist hotel. The building's façade combines harmoniously with the aquatic mirror of the Dnipro; on the shore is a yacht club of the same name. The building has a symmetrical sectional layout, with a larger number of storeys in the building's central part. The ground floor contains offices and spacious halls – one hall per two residential sections.

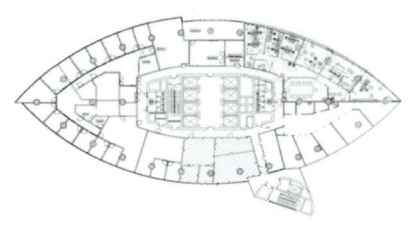

Бізнес-центр «Парус»
Parus Business Centre
вулиця Мечникова, 2
Mechnykova Street, 2
Олександр Комаровський,
Сергій Бабушкін Oleksandr Komarovsky,
Sergiy Babushkin (2004–2006)

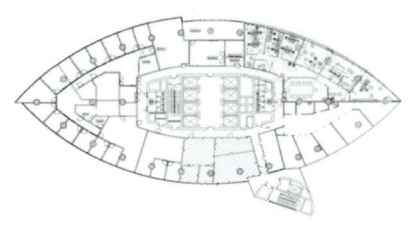

096 E

33-поверховий офісний центр класу А «Парус» має висоту 136 м (156 м зі шпилем) і до 2010 року був найвищим хмарочосом України. Зараз він на третьому місці за висотою і поступається лише сусідньому «Гуліверу» та будинку на Кловському узвозі, 7-А. «Парус» став одним з перших будинків Києва із суцільним скляним фасадом, хоча початкові проєкти 2002 року передбачали стилобат у стилі класицизму. Також одним із перших він був із самого початку обладнаний центральною системою клімат-контролю, кондиціювання та автономною системою опалення. Форма хмарочосу повторює гострий ріг, що утворюють бульвар Лесі Українки та вулиця Мечникова. Будівля стоїть по осі вулиці Басейної й ефектно сприймається з відстані.

Parus, a 33-storey class-A office centre, is 136 metres high (156 metres including spire) and was the tallest skyscraper in Ukraine until 2010. It is currently the country's third tallest building, exceeded only by the neighbouring Gulliver business centre and the house at 7-A Klovsky Uzviz. Parus was one of the first buildings in Kyiv to have a continuous glass façade, although the initial design projects of 2002 envisaged a stylobate in the Classical style. It was also one of the first to be fitted from the start with a central climate-control system, air conditioning, and autonomous heating. This skyscraper's shape echoes the acute angle formed by Lesya Ukrainka Boulevard and Mechnykova Street. The building stands on the axis of Basseina Street and makes an impressive sight when viewed from afar.

Бізнес-центр «Гулівер»
Gulliver Business Centre
Спортивна площа, 1-А
Sportyvna Square, 1-A
Тетяна Григорова Tetiana Hryhorova
(2003–2013)

097 D

35-поверховий «Гулівер» має висоту 141 м (160 м зі шпилем), що робить його найвищою офісною спорудою України і другим за висотою будинком Києва. Перші проєкти «Гуліверу» з'явились ще в 2002 році. Будівництво розпочалось у серпні 2003 року, у ході будівництва проєкт видозмінювався, бетонно-скляний фасад був змінений на суцільно скляний. «Гулівер» став першою спорудою Києва з медіафасадом. Його робота вночі створює незручності для мешканців сусідніх будинків. Окрім 35-поверхової офісної вежі, комплекс має 10-поверхову торговельно-розважальну частину, де містяться магазини, фітнес-клуб з басейном, паркінг, ресторани, боулінг і 7-зальний кінотеатр. Будівля розташована в низині, через що візуальний ефект висоти частково втрачається. Окрім того, комплекс зайняв більшу частину Спортивної площі і спричинив додаткове транспортне навантаження на перевантажену центральну частину міста.

Gulliver has 35 storeys and is 141 metres high (160 metres with its spire), which makes it the tallest office building in Ukraine and the second tallest building in Kyiv. The first designs for Gulliver appeared in 2002. Construction began in August 2003. During the process the design project was modified, with the concrete façade being replaced with a completely glazed façade. Gulliver was also the first building in Kyiv to have a media façade; at night light from the façade creates inconvenience for residents of neighbouring houses. In addition to the 35-storey office tower, this complex has a 10-storey shopping and entertainment area including shops, a fitness club with a swimming pool, parking, restaurants, a bowling alley, and a seven-screen cinema. Its location in a hollow partially reduces the visual impression made by its height. A further drawback is that the complex takes up most of Sportyvna Square, resulting in additional traffic in the congested central part of the city.

Бізнес-центр IQ
IQ Business Centre
вулиця Болсуновська, 13–15
Bolsunovska Street, 13–15
Андрій Пашенько Andrii Pashenko
(2010–2014)

098 E

Споруда бізнес-центру має складну форму поєднаних і виступних циліндрів, що певною мірою перегукується з композицією розташованого за декілька кілометрів готелю «Салют». На даху будинку розташований сертифікований вертолітний майданчик, платформа якого трохи зсунута відносно циліндра останнього поверху, що також перегукується з плитою даху готелю. 86-метровий 20-поверховий будинок має суцільний скляний фасад, який є непрозорим через тонування і надає будинку стильного чорного вигляду. В оформленні будівлі велика увага приділена енергоефективності й гнучкому плануванню, застосована інтелектуальна система керування ліфтами. Окрім 45 000 квадратних метрів офісних приміщень, будівля має підземну автостоянку, конференц-зал, їдальню, лобі-бар та фітнес-центр з басейном.

IQ is a complex composition of connected, protruding cylinders which to some extent echoes the composition of Hotel Salyut a few kilometres away. On the building's roof is a certified helipad, its platform slightly staggered relative to the cylinder of the top storey, which also echoes the hotel's roof slab. The 86-metre-tall, 20-storey building has a solid glass façade that has been tinted to make it opaque and gives the building a stylish black appearance. The building's design pays considerable attention to energy efficiency and flexible planning; there is an intelligent elevator-control system. In addition to 45,000 square metres of office space, the building has underground parking, a conference room, a dining room, a lobby bar, and a fitness centre with a swimming pool.

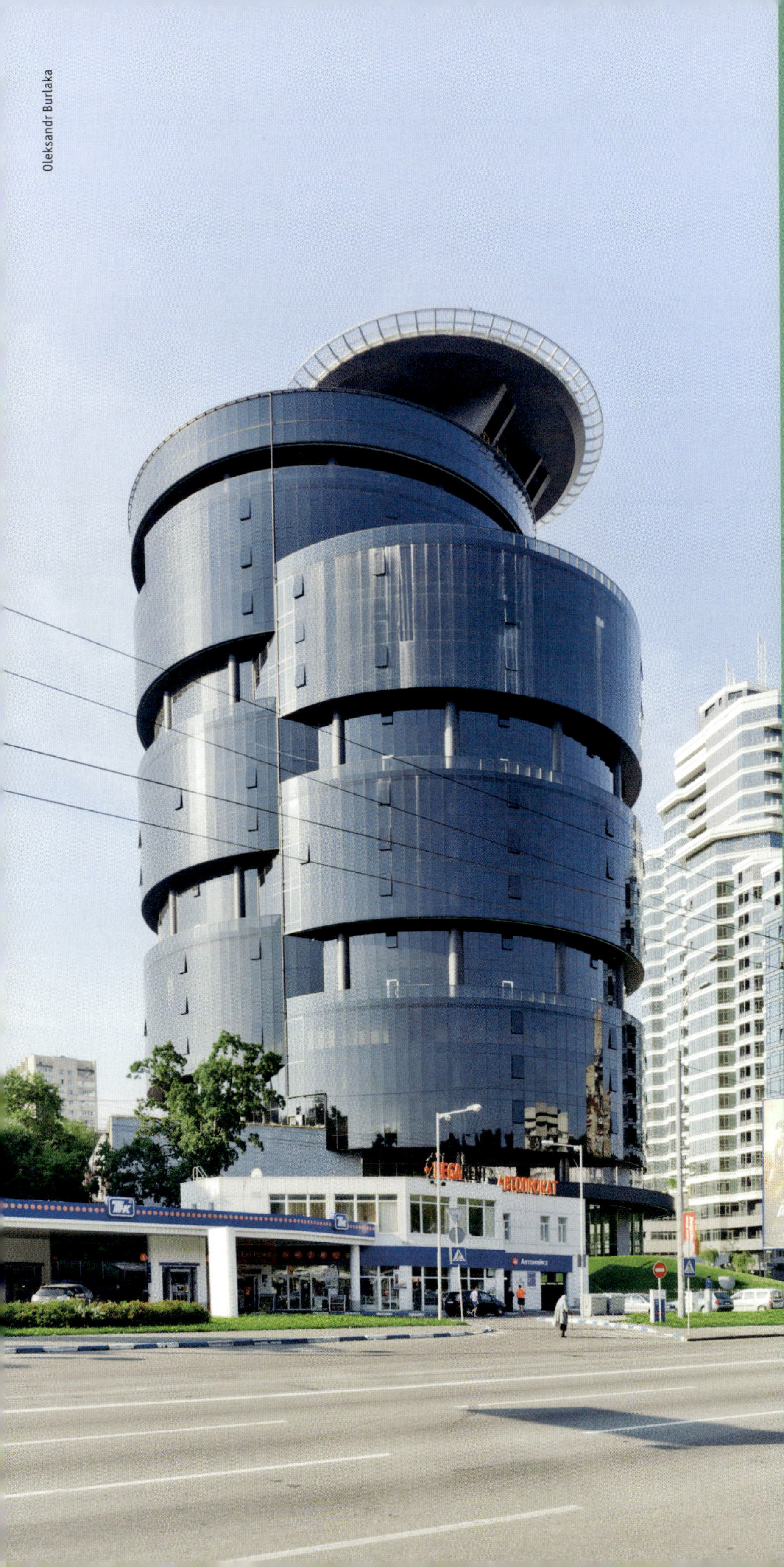

Oleksandr Burlaka

Кловський узвіз, 7-А
Klovskyi Descent, 7-A
Сергій Бабушкін, Андрій Мазур
Serhii Babushkin, Andrii Mazur
(2009–2015)

Найвищий будинок України складається з двох корпусів — житлового на 47 поверхів заввишки 168 метрів та офісного висотою 19 поверхів. Будинок завершує перспективу вулиці Мечникова. Офісний корпус розміщений перед житловим і розширюється вгору, закриваючи собою головну домінанту. Житловий корпус має наближену до циліндра форму, через що у квартирах не дуже зручне планування. Він складається з трьох об'ємів: нижній має форму квадрата з дугоподібними виступами по центру і займає 1–37 поверхи. 38–41 поверхи мають повністю циліндричну форму, а 42–47 поверхи, що мають човноподібну форму, були відсутні в початковому проєкті: їх додали в процесі будівництва. Вони відрізняються і візуально: замість облицювальних плит тут суцільне скління фасаду. Через розташування в низині та наявність офісного корпусу головна домінанта не сприймається з головної перспективи, але будинок водночас достатньо високий, щоб його верхівка стирчала над пагорбами, спотворюючи краєвид з боку лівого берега Дніпра.

Ukraine's tallest building consists of two parts – a 47-storey, 168-metre-high residential block and a 19-storey office block. 7-A Klovskyi Descent completes the perspectival view formed by Mechnikova Street. The office block stands in front of the residential block and widens as it increases in height, blocking the view of the principal vertical feature. The residential block has a shape close to a cylinder, which makes the apartment layouts not very convenient. It consists of three volumes: the lower is square with arc-shaped protrusions in its centre and occupies storeys 1–37. Storeys 38–41 are entirely cylindrical. Storeys 42–47, which are boat-shaped, were absent from the original design: they were added during construction. They are also of different appearance, with a façade consisting of continuous glazing instead of cladding panels. Due to its position in a hollow and the presence of the office block, the view of this principal landmark is impeded, but at the same time this block is tall enough that its top protrudes above the hills, distorting the view from the left bank of the Dnipro.

ОРЕНДА 760м² ОРЕНДА 386-99-07 ОРЕНДА
Bellezza
2+2
ПОНЕДІЛОК - ЧЕТВЕР 19:00

Taryan Towers
вулиця Іоанна Павла II, 12
John Paul II Street, 12
Джон Доуз John Dawes
(2019–2023)

100 E

Taryan Towers is a 31-storey, premium-class residential complex consisting of three 140-metre-high towers connected by two-storey glazed bridges at the level of the top storey. This building is being marketed as the most innovative in Ukraine: it possesses an automatic building-monitoring and management system, a central air-conditioning and heating system, and a façade clad with multifunctional glass. It has its own infrastructure: a four-level parking lot, a kindergarten/school, swimming pools, a premium-class shopping centre, and a museum of the future in one of the towers. And it has a uniform design on each floor, including entrance doors and apartment numbers. The complex is being built on a small plot close to a school and an old low-rise building. Its location on a narrow street casts long shadows over neighbouring buildings.

31-поверховий житловий комплекс преміумкласу складається з трьох веж завввишки 140 метрів, з'єднаних на висоті верхнього поверху двоповерховими скляними мостами. Будинок позиціонується як найінноваційніший в Україні: тут влаштована автоматична система моніторингу й управління будівлею, центральна система кондиціювання і теплозабезпечення, а фасад вкритий мультифункціональним склом. Будинок має власну інфраструктуру: 4-рівневий паркінг, власний дитсадок-школа, басейни, преміальний ТРЦ та власний музей майбутнього в одній з веж. Також у будинку єдиний дизайн на кожному поверсі, включно з вхідними дверима й номерами квартир. Комплекс споруджується на невеликій ділянці впритул до школи та старої малоповерхової забудови. Його розташування на вузькій вулиці створює значне затемнення для сусідніх будинків.

taryantowers.com

taryantowers.com

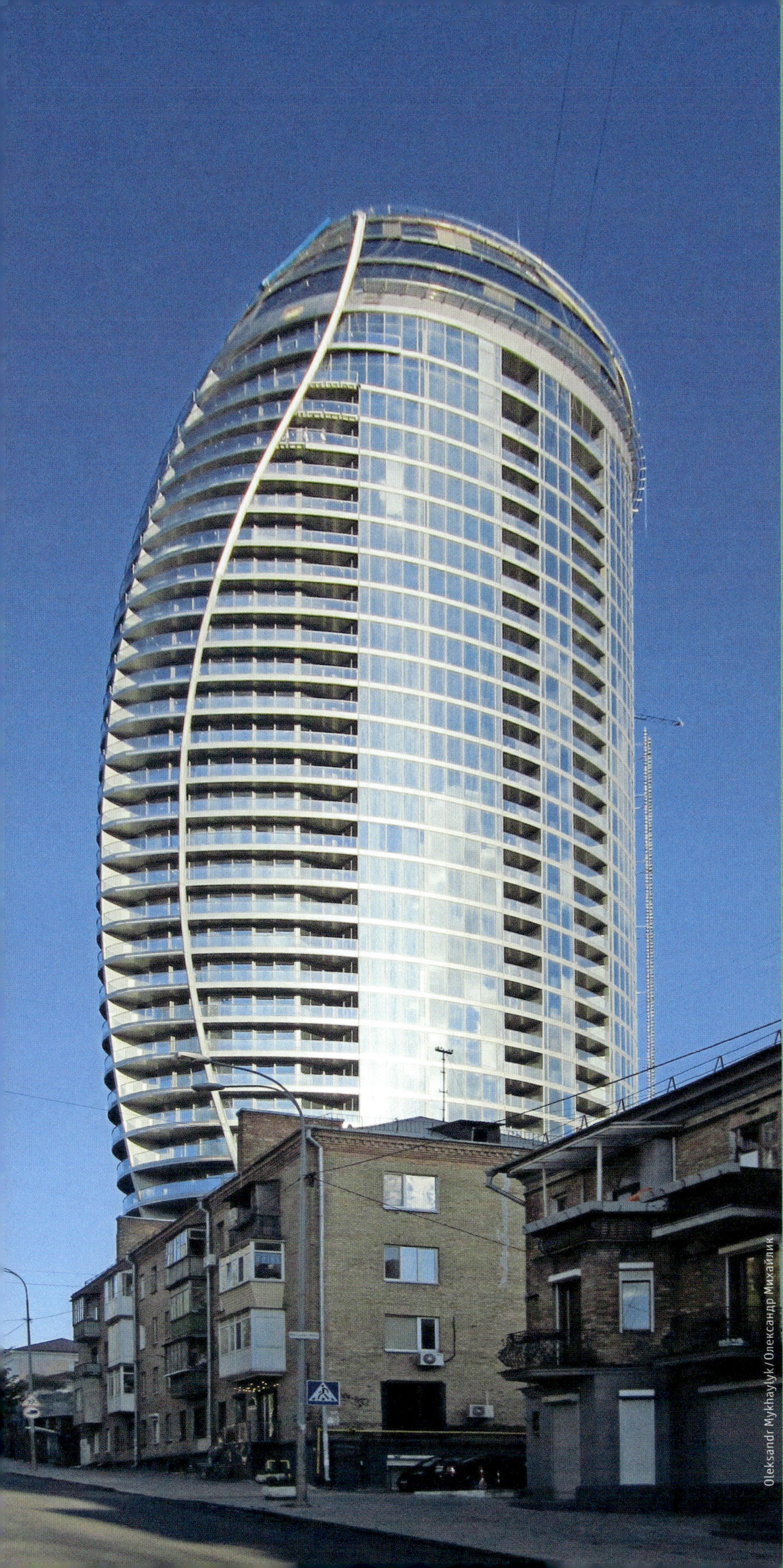

Oleksandr Mykhaylyk/Олександр Михайлик

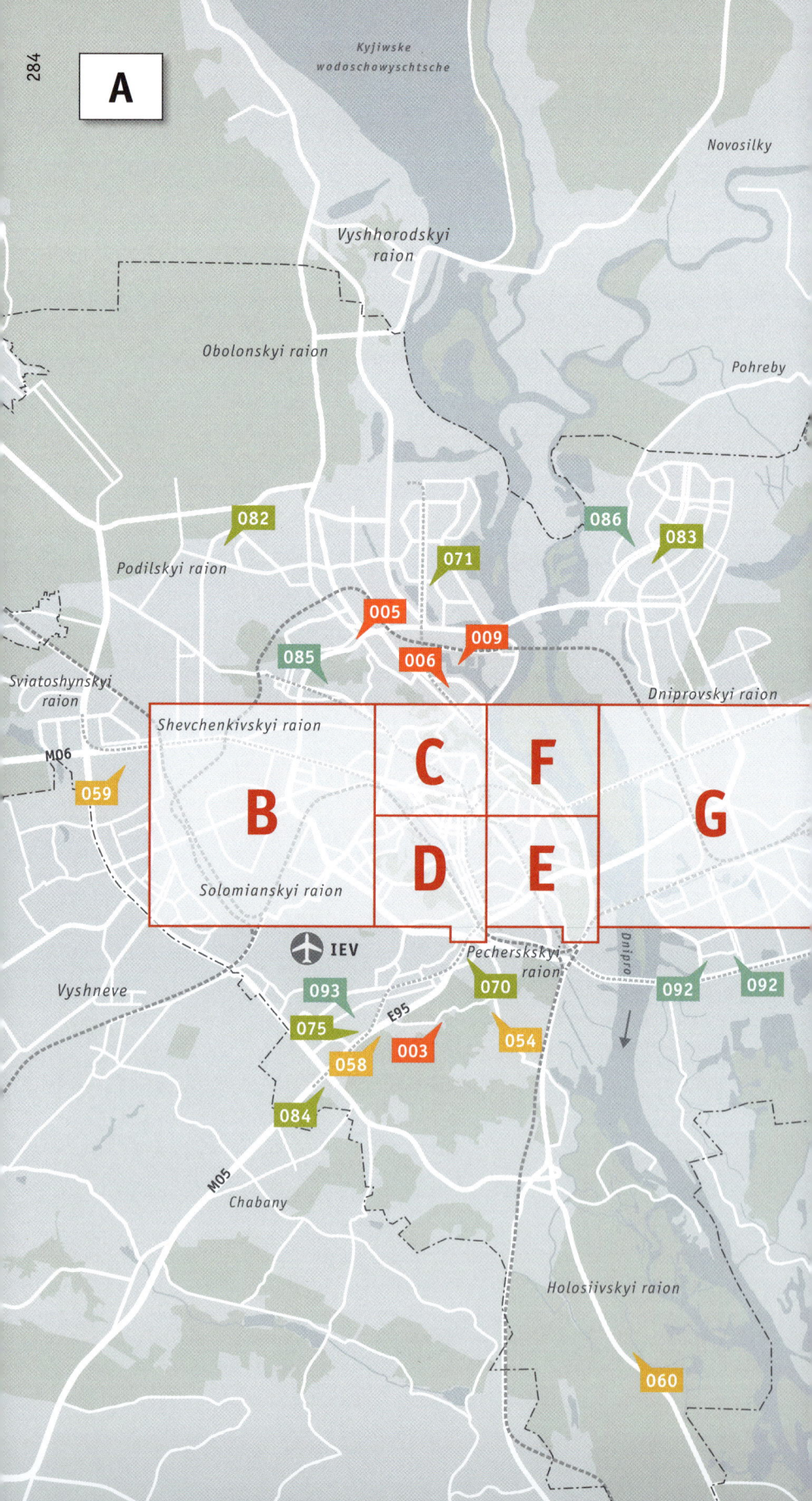

A

Kyjiwske
wodoschowyschtsche

Novosilky

Vyshhorodskyi
raion

Obolonskyi raion

Pohreby

082

Podilskyi raion

071

086

083

005

009

Sviatoshynskyi
raion

085

006

Dniprovskyi raion

Shevchenkivskyi raion

M06

C

F

059

B

Solomianskyi raion

D

E

G

Vyshneve

IEV

Pecherskskyi
raion

Dnipro

093

070

092

092

075

F95

058

003

054

084

M05

Chabany

Holosiivskyi raion

060

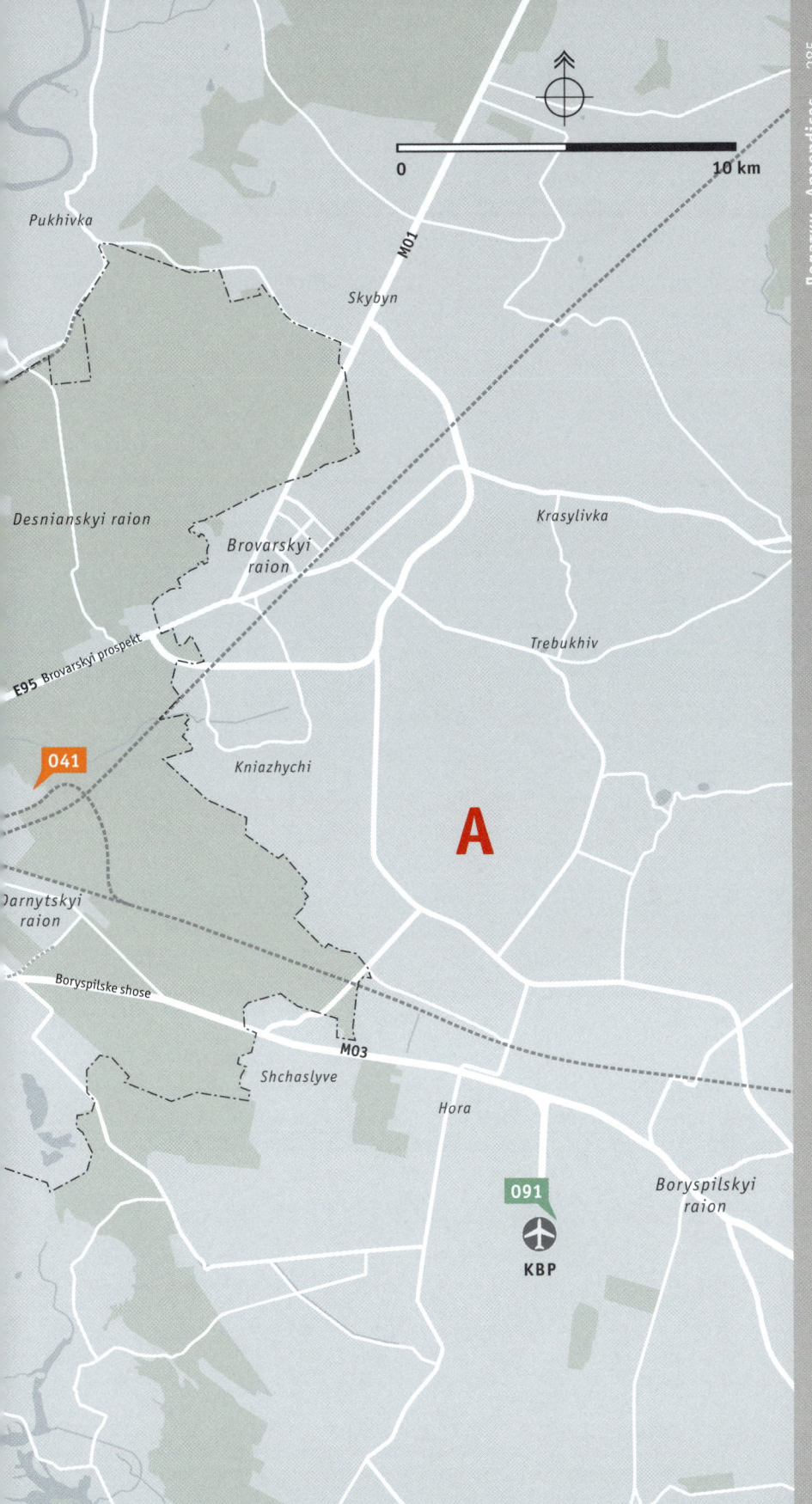

B

Sviatoshyn

037

Nyvky

Beresteiska

Kosmonavta Komarova prospekt

0   2,000 m

Tymofiya Shamryla vulytsia

Oleksandra Dovzhenka vulytsia

Peremohy prospekt

Shuliavska

007

012

021

Peremohy prospekt

Politekhnichnyi instytut

056

076

Akademika Yanhelya vulytsia

Vadyma Hetmana vulytsia

057

Borshchahivska vulytsia

Solomianska vulytsia

Povitroflots'kyi prospekt

Chervonozorianyi prospekt

IEV

C

Tatarska vulytsia

Hlybochytska vulytsia

Kudriavskyi uzviz

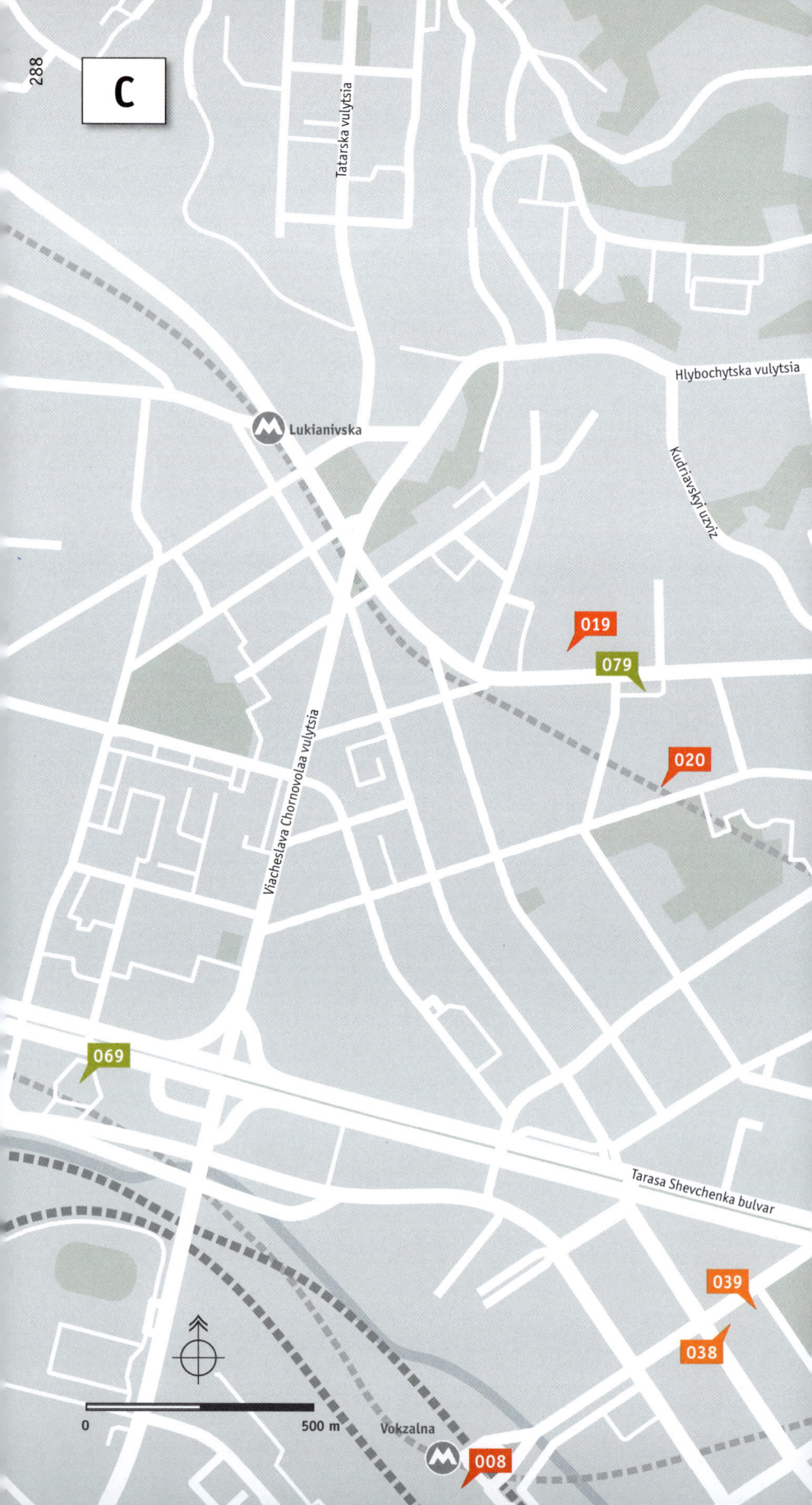

Lukianivska

019

079

020

Viacheslava Chornovolaa vulytsia

069

Tarasa Shevchenka bulvar

039

038

0   500 m

Vokzalna

008

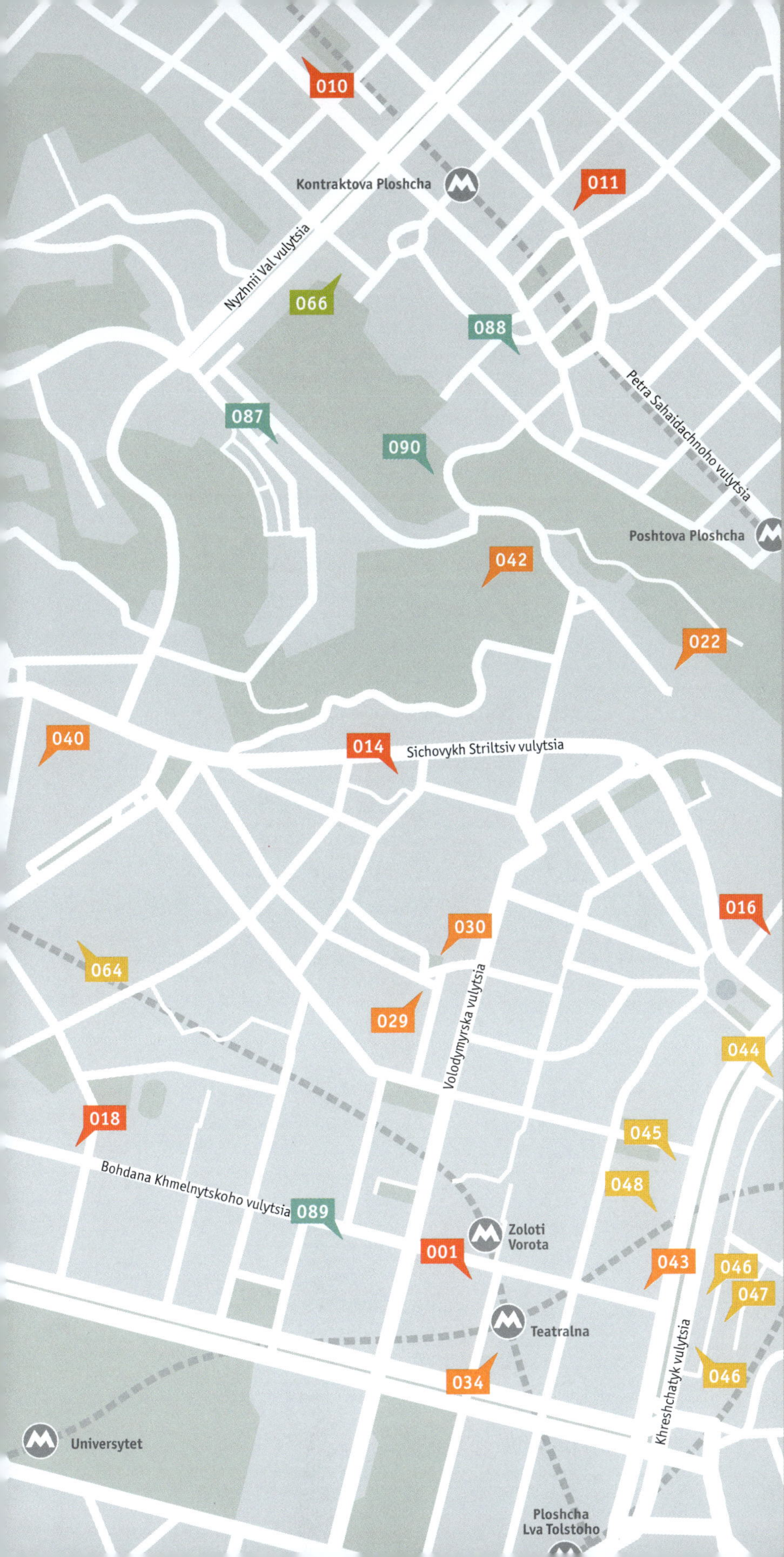

010

Kontraktova Ploshcha Ⓜ

011

Nyzhnii Val vulytsia

066

088

087

Petra Sahaidachnoho vulytsia

090

Poshtova Ploshcha Ⓜ

042

022

040

014 Sichovykh Striltsiv vulytsia

016

030

064 Volodymyrska vulytsia

029

044

018

045

Bohdana Khmelnytskoho vulytsia

048

089

001 Zoloti Vorota Ⓜ

043

046

047

Ⓜ Teatralna

046

Khreshchatyk vulytsia

034

Ⓜ Universytet

Ploshcha
Lva Tolstoho
Ⓜ

D

Metropolyta Lypkivskoho vulytsia

067

Kudriashova vulytsia

Mekhanizatoriv vulytsia

0   500 m

Solomianska vulytsia

Protasiv yar vulytsia

Volodymyra brozhka vulytsia

Iziumska vulytsia

Mykoly Hrinchenka vulytsia

Druzhby Narodiv bulvar

065

Montazhnykiv vulytsia

Lva Tolstoho vulytsia

Ploshcha Lva Tolstoho

052

053

097

Palats
Sportu

Volodymyrska vulytsia

Thylianska vulytsia

Saksahanskoho vulytsia

Volodymyra Antonovycha vulytsia

Velyka Vasylkivska vulytsia

Olimpiiska

Ivana Fedorova vulytsia

Vasylia Bozhenka vulytsia

Lybid

Mykoly Hrinchenka vulytsia

Palats
„Ukraina"

Volodymyra Antonovycha vulytsia

Vasylia Bozhenka vulytsia

Velyka Vasylkivska vulytsia

078

Volodymyra brozhka vulytsia

Izlumska vulytsia

E

099

050

Illi Mechnykova vulytsia

Moskovska vulytsia

Oleksandra Suvorova vulytsia

Klovskyi uzviz

096

Ⓜ Klovska

Panasa Myrnoho vulytsia

004

Lesi Ukrainky bulvar

Mykhaila Kutuzova vulytsiar

Ⓜ Pecherska

Ivana Kudri vulytsia

100

068

Druzhby
Narodiv Ⓜ

Ⓜ Lybidska

Ivana Kudri vulytsia

Druzhby Narodiv bulvar

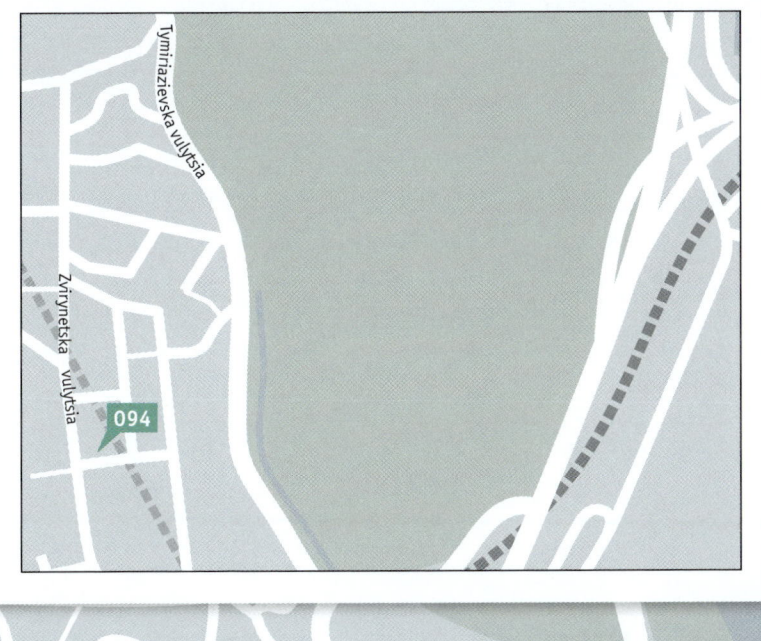

Tymiriazievska vulytsia

Zvirynetska vulytsia

094

Staronavodnytska vulytsia

Druzhby Narodiv bulvar

098

0   500 m

Naddniprianske shose

Vasylia Klkvidze vulytsia

Tymiriazievska vulytsia

F

Naberezhno-Khreshchatytska vulytsia

Ⓜ Poshtova Ploshcha

Naberezhne shose

013

Parkova doroha

Maidan
Ⓜ Nezalezhnosti

049

023

Mykhaila Hrushevskoho vulytsia

025

Ⓜ Khreshchatyk

031

035

002

017

033

032

Instytutska vulytsia

024

028

Lypska vulytsia

027

Shovkovychna vulytsia

Klovskyi uzviz

051

015

Pylypa Orlyka vulytsia

036

026

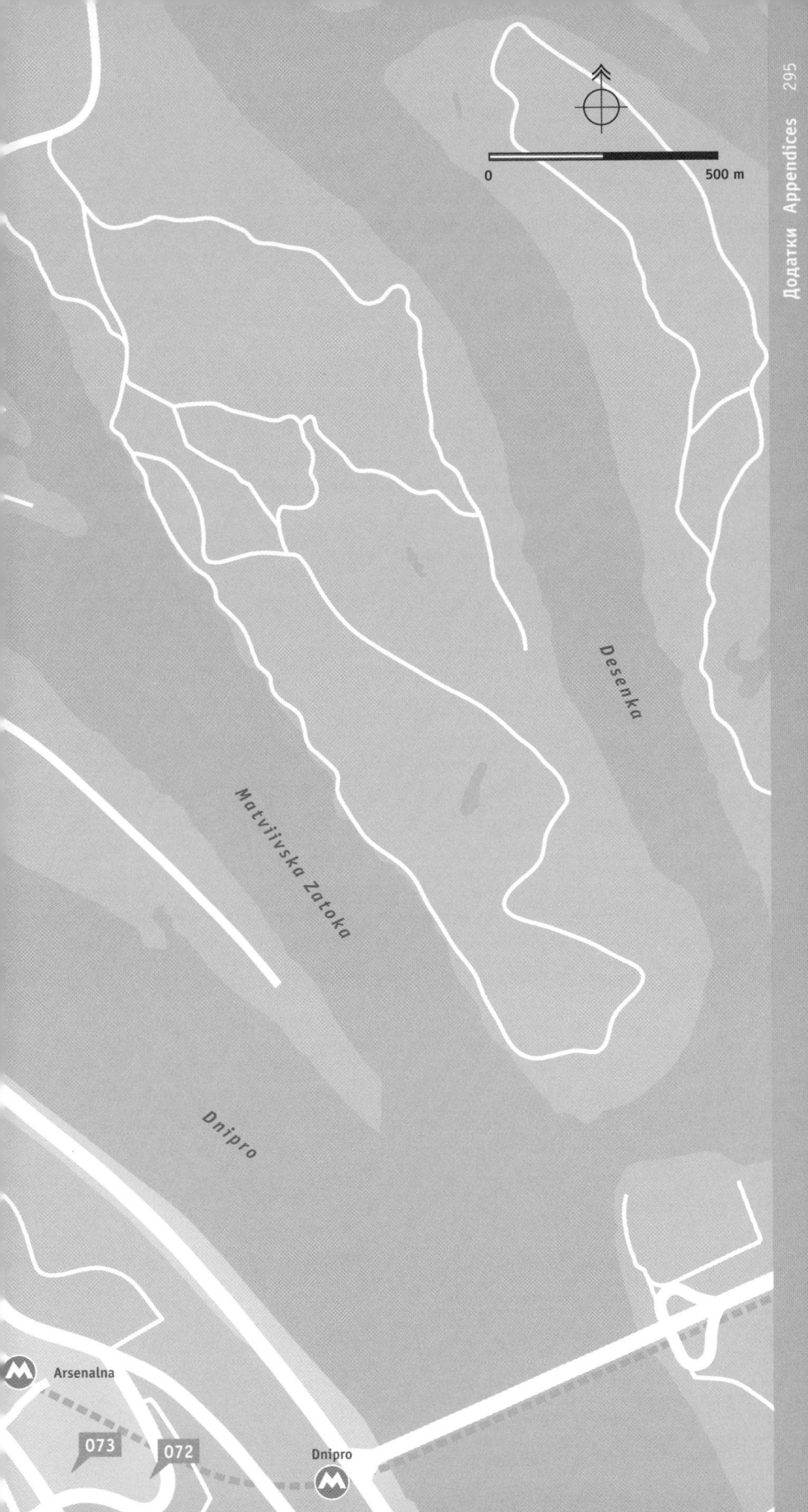

Desenka

Matviivska Zatoka

Dnipro

0   500 m

Ⓜ Arsenalna

073   072

Dnipro Ⓜ

G

081

Oleksandra
Boichenka vulytsia

Andriia Malyshka vulytsia

Brovarskyi prospekt

Darnytsia

Vyzvolyteliv prospekt

Budivelnykiv prospekt

074

Livoberezhna

Verkhovnoi Rady bulvar

095

Budivelnykiv vulytsia

Myru prospekt

Hidropark

Vozziednannia prospekt

080

Rusanivska naberezhna

Vozziednannia prospekt

Berezniakivska vulytsia

Kanalna vulytsia

Dnipro

0

2,000 m

Zolbunivska vulytsia

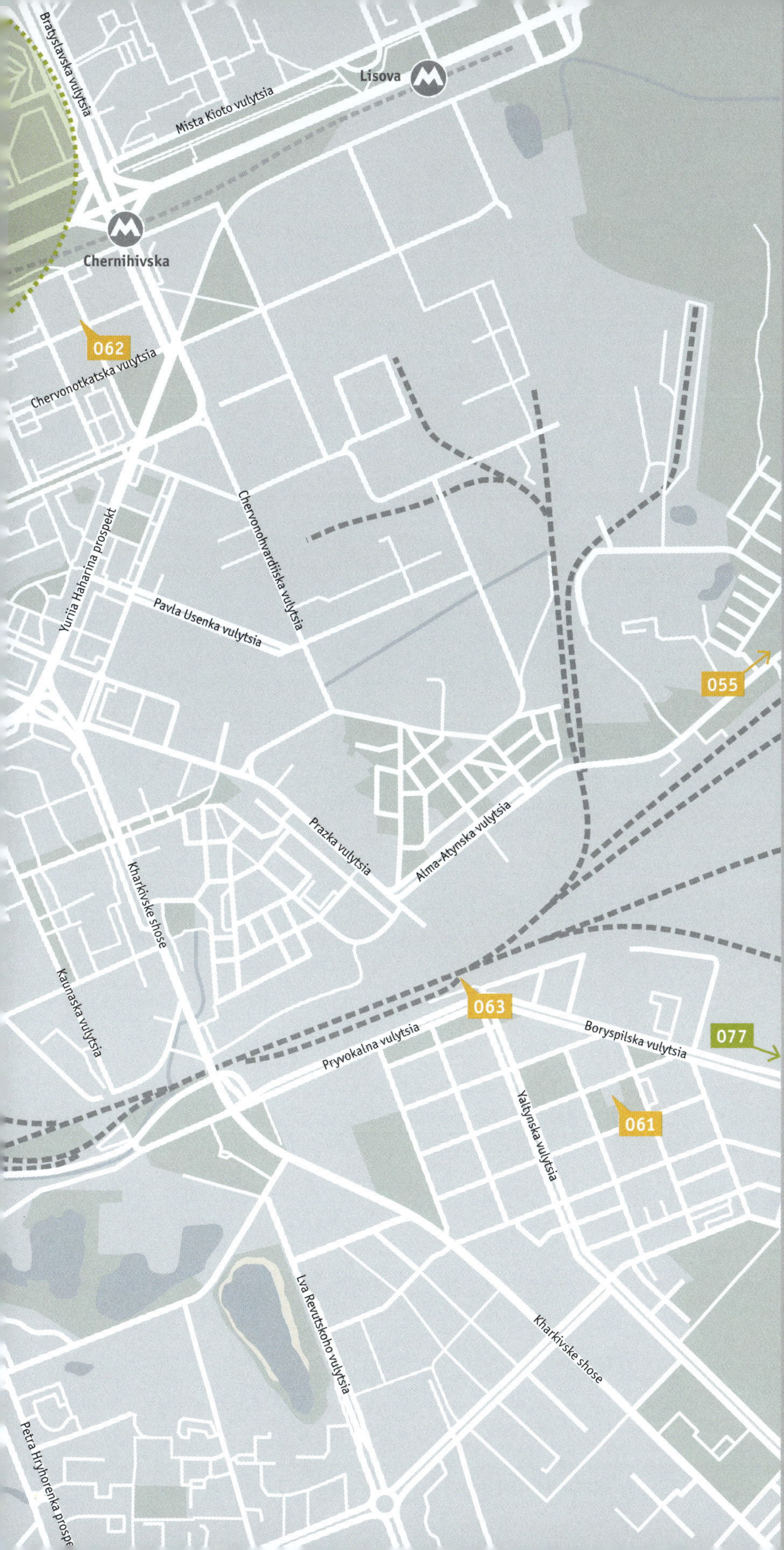

Bratyslavska vulytsia

Mista Kioto vulytsia

Lisova Ⓜ

Ⓜ **Chernihivska**

062

Chervonotkatska vulytsia

Chervonohvardiiska vulytsia

Yuriia Haharina prospekt

Pavla Usenka vulytsia

055

Prazka vulytsia

Atma-Atynska vulytsia

Kharkivske shose

Kalinaska vulytsia

063

Pryvokalna vulytsia

Boryspilska vulytsia

077

Yaltynska vulytsia

061

Lva Revutskoho vulytsia

Kharkivske shose

Petra Hryhorenka prosp

Семен Широчин

Народився d Києві у 1988 році. Український дослідник історії архітектури. Навчався в Національному технічному університеті України «Київський політехнічний інститут» у 2006–2012 роках. Кандидат технічних наук (2015). З 2016 року досліджує, популяризує та захищає архітектурну спадщину. Головний фокус досліджень – архітектура та міський розвиток радянського періоду. Автор численних публікацій про архітектуру Києва та індустріальних міст України. Автор 20 книг про історію архітектури та міського розвитку Києва. Учасник конференції «Універсальність явищ запорізького модернізму і школи Баухаус. Проблеми збереження модерністської спадщини», 2017, Запоріжжя. Співучасник проєкту виставки «Metropolis: Минулі утопії майбутнього», 2018, Київ. Куратор виставки «Відбудова Хрещатика: конкурс та проєктування», 2018–2019, Київ. Співучасник проєкту «Енциклопедія архітектури України», 2020, Київ.

Semen Shyrochyn

Born in Kyiv in 1988. Ukrainian architectural historian. Studied at Kyiv Polytechnic Institute (National Technical University of Ukraine). PhD in computer science (2015). Since 2016 has researched, popularised, and protected architectural heritage. His main research focus is architecture and urban development from the Soviet period. Author of multiple articles about the architecture of Kyiv and industrial cities in Ukraine. Author of 20 books on the history of Kyiv's architecture and urban development. Took part in the conference 'The Universality of Phenomena in Zaporizhzhia Modernism and the Bauhaus School. Issues in Preservation of Modernist Heritage' (2017, Zaporizhzhia). Co-participant in the exhibition project 'Metropolis: Past Utopias of the Future' (2018, Kyiv). Curator of the exhibition 'Reconstruction of Khreschatyk: Competition and Design' (2018–2019, Kyiv). Co-participant in the project 'Encyclopedia of Ukrainian Architecture' (2020, Kyiv).

Непідписані світлини зроблені автором або походять з його архіву.

Non-credited pictures have been taken by the author or are from his archive.

ISBN 978-966-500-709-8 (Ukrainian edition)
© 2023 by Osnovy Publishing
www.osnovypublishing.com

ISBN 978-3-86922-854-9 (English edition)
© 2023 by DOM publishers, Berlin
www.dom-publishers.com

Вичитка / Proofreading
Леся Карпенко /
Lesia Karpenko
Олександр Тумаркін /
Oleksandr Tumarkin
Джон Николсон /
John Nicolson

Карти / Maps
Катрін Сощинські /
Katrin Soschinski

Дизайн / Design
Масако Томікійо /
Masako Tomokiyo

Друк / Printing
Tiger Printing (Hong Kong) Co., Ltd.
www.tigerprinting.hk